送给
亲爱的

_____

无法错失的儿童早期家庭陪伴

61

件事,
你做了吗?

黄 琼 肖燕萍 陈石静 著

上海教育出版社
SHANGHAI EDUCATIONAL
PUBLISHING HOUSE

61件事，
开始启动啦

意义

在孩子的成长过程中，有那么多有意义又有趣的事情，"你做了吗"？

乘地铁，看夜景，与亲人视频聊天，参加一次婚礼，与爷爷一起看地图……这些生活中看似寻常的"小事"，背后却有着不凡的生命成长的意义。我们依据婴幼儿生理、心理的发展特点，充分剖析了每一件事对婴幼儿的认知思维、语言表达、想象创造、情绪性格和社会化发展的价值，体现了在寻常生活中进行随机教育的非凡意义。

享受

读完全书后，你会发现，婴幼儿的成长，是一个极其精彩的过程，我们可以慢慢品味其丰富的内涵，静静享受其独特的路程。

读完全书后，你还会发现，自己拥有了一双敏锐的、会发现的眼睛，拥有了一个爱探究、有智慧的大脑！共同享受，快乐生活，是我们的初衷哦。

使用

在每件事中：

- "成长事件"描述了生活中宝宝的一件事情；
- "专家分析"揭示了这件事对宝宝身心发展和生命成长的价值；
- "温馨提示"关照了做这件事时要注意的问题；
- "成长记录"能留下值得永恒纪念的家庭印记；
- "相关链接"则提供了更为丰富的相关信息。

宝宝每做完一件事，爸爸妈妈就在这件事对应的框里打钩，看看自己与宝宝一起完成了多少件事。61件事，加油哦！

本书最后，我们还设置了一些空白的成长记录页，爸爸妈妈可以和宝宝一起，把自己家别出心裁的有趣活动记录下来。

诀窍

- 不要去感叹"我怎么没有想到"这些事情，而是要想"我做了吗"？
- 利用一切机会去做这些事情，你会发现亲子关系会大不一样。
- 与宝宝一起做这些事情的时候，你会惊喜于孩子无限的发展可能。
- 把书放在床头，书里的育儿知识会让你成为出色的父母。
- 当你了解了许多与宝宝互动的方法后，你的朋友会羡慕你哦。
- 不要一个人独自学，可以与丈夫（妻子）或家里老人一起学一起做，全家总动员更有意思。
- 除了这61件事，还可以举一反三，发现生活中更多有趣的事情。
- 与宝宝一起做这些事，放手让他们独立记录。
- 享受其中，书中列出的事情能让生活更美好，世界更精彩。

61件事的清单

注意

在完成这 61 件事的过程中，请一定小心行事，安全第一。

全部完成这 61 件事，我们相信您和宝宝的相处一定富有情趣而又快乐，亲子关系融洽而又温馨。

对于这么良好的家庭氛围，对于大家的共同努力，一定要纪念一下，请在下面的框里签上全家人的名字吧！

在雨中

成长事件　下雨了，这是宝宝的开心时刻。父母可以陪同宝宝一起，换上雨鞋，穿上雨衣或撑起雨伞，在雨中散步。

专家分析

发现大自然的奇妙变化，探索晴天与雨天、下雨天与下雪天、大雨与小雨时地面干湿的不同，水花飞溅的变化，培育宝宝对大自然的热爱。

可以丰富宝宝的感知觉和认知经验，看雨景、听雨声、触摸雨水，以及观察各种雨具的大小、形状、颜色等，会让宝宝的感官更灵敏，经验更全面。

能增进亲子感情，全家一起在雨中散步，一起用语言描述雨景，一起发现各种变化，这是一个充分享受亲情的过程。

温馨提示

- 注意安全。在雨中行走或游玩，要避免滑倒、跌伤，有雷电和大暴雨的天气不宜外出。
- 关注宝宝情绪。若宝宝有害怕情绪，就不要强迫他，应循序渐进地使之适应，并逐渐喜欢。蹒跚学步的小婴儿，可由父母抱着在雨中散步。
- 夏天，可穿凉鞋在雨中走，让宝宝的肌肤与大自然有更多接触。初春和秋冬季节，注意保暖。
- 下雪天，父母还可以与宝宝一起在雪地里堆雪人，打雪仗。
- 雨中散步回家后，父母可以与宝宝一起交流感受，并一起收集雨天（雪天）的其他相关信息。

此处可以贴上宝宝的活动照片，爸爸妈妈还可以与宝宝看着照片讲故事。

成长记录

时　　间：在雨中行走，发生在＿＿＿年＿＿＿月＿＿＿日，星期＿＿＿。
　　　　　宝宝＿＿＿岁＿＿＿月。

陪伴者：＿＿＿＿＿＿。

自我评价：请宝宝根据开心程度涂色，满分是五颗星。

相关链接：

可以和宝宝一起阅读图画书《我来给你撑伞吧》（少年儿童出版社）。

7

2 与小伙伴交换玩具

在幼儿园里，在家中，对于与小伙伴交换玩具，有的宝宝非常乐意，有的却不那么情愿……

学会分享。从独占到乐意把自己喜欢的玩具让同伴一起玩、共同分享，是宝宝的一大进步，能培养宝宝大方、友善的品性。

学会珍惜。宝宝在玩同伴的玩具时，要提醒他格外小心，不能弄坏，一旦坏了，是要赔偿的。让宝宝学会珍爱他人的物品。

学习交往。在交换玩具过程中遇到他人拒绝，甚至发生冲突时，宝宝可以从中获得一定的公平意识，学习交往技巧。

增强环保意识。让宝宝知道一个玩具、一个物品是可以充分利用的，不用样样都买新的，更不可能一个人拥有所有的玩具。节约资源，才能更好地保护环境。

专家分析

- 注意卫生。把玩具借给别人前，或拿到他人的玩具后，都要清洁。传染病发生期间，要停止交换玩具，以免交叉感染。
- 如果有的宝宝不愿意交换玩具，不要强行逼迫他，以免宝宝产生负面情绪。成人间可以先交换物品、书籍，给宝宝做榜样，也可从宝宝玩腻了的一些玩具开始交换，慢慢让宝宝感受交换带来的别样乐趣。
- 在交换玩具过程中，如果有冲突，要先让宝宝独立想办法解决，实在不行，父母再介入。如果玩具有损坏，要协商赔偿。
- 教宝宝学习礼貌用语，如"谢谢""对不起""你先玩吧""请让我玩一会儿，好吗"等。

温馨提示

此处可以贴上宝宝的活动照片，爸爸妈妈还可以与宝宝看着照片讲故事。

成长记录

时　　间: 与小伙伴交换玩具，发生在_____年_____月_____日，
宝宝_____岁_____月。交换的玩具是_____。

陪 伴 者:_____。**交换的对象:**_____。

自我评价: 请宝宝根据开心程度涂色，满分是五颗星。

☆ ☆ ☆ ☆ ☆

相关链接:

1. 可以和宝宝一起阅读图画书《带月亮的房子》（上海教育出版社）、《朋友》和《玩具诊所》（连环画出版社）。

2. 可以和大年龄宝宝一起在信誉度较高的二手网站上淘置二手玩具，别忘了拿到玩具后做好清洁哦。

参加一次婚礼

成长事件　宝宝穿着漂亮的衣服，与父母一起参加亲戚或父母好友的婚礼。

专家分析

婚礼特定的仪式感，新郎新娘间的亲密和幸福，新人的成长故事和趣事，亲朋好友的祝福等，都会让宝宝有新鲜感和别样的快乐体验。

婚宴上，丰盛的菜肴和丰富的饮品，能让宝宝感受到品尝美食的满足感和选择的乐趣。

宝宝参与做花童、撒花瓣、分发喜糖等活动，可以体验共同参与、分享幸福的愉悦。

参加婚礼时，能遇见、认识许多亲戚、朋友，对宝宝增加家族归属感，提高交往能力都有特别的意义。

温馨提示

- 接到婚礼邀请后，就可以给宝宝介绍婚礼的场景和新人与自己家的关系，让宝宝有心理准备。同时，给宝宝讲解婚礼礼仪，和他共同约定出席婚礼的行为规则和要求。
- 出门前，与宝宝一起选择得体的衣服、鞋子和佩饰，体验出席隆重场合的服饰礼仪。
- 在婚礼现场，要时常悄悄地提醒宝宝，不要乱跑乱叫，要大大方方地主动与人打招呼；要遵守宴席规则；收到喜糖要说谢谢；离开时要对新郎新娘及其他亲朋好友说再见等。要求宝宝遵守事先约定，注意举止文明。
- 回家后，还可以与宝宝一起欣赏照片，回忆婚礼的美好场景，交流趣事逸闻，与新认识的亲戚、朋友电话问候等。

此处可以贴上宝宝的活动照片，爸爸妈妈还可以与宝宝看着照片讲故事。

成长记录

时　　间：和父母一起参加婚礼，发生在____年____月____日，星
　　　　期____．宝宝____岁____月．

陪 伴 者：_____．与婚礼上新娘新郎的关系：_____．

自我评价：请宝宝根据开心程度涂色，满分是五颗星。

相关链接：

可以和宝宝一起阅读图画书《完美小新娘》（少年儿童出版社）。

11

乘地铁

4

成长事件

与父母和家人一起乘地铁，体验买票、进站、转车、到站、出站的全过程，体验地铁的方便和快捷。

专家分析

增加宝宝乘坐现代化交通工具的经验，了解交通工具的多样化，感受交通工具的变化和城市的美好。

体验地铁的快捷和便利，享受现代化交通工具的高效和舒适。

在看地图，了解要去的地方在哪里的过程中，知道目的地与自己家、与整个城市的关系，培养空间感知能力。

学会乘车礼仪，学做一个文明守规则的小公民，培养宝宝适应社会生活的能力。

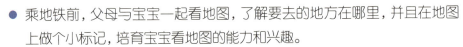

温馨提示

- 乘地铁前，父母与宝宝一起看地图，了解要去的地方在哪里，并且在地图上做个小标记，培育宝宝看地图的能力和兴趣。
- 了解乘坐地铁的过程，包括买票、进站安检、刷卡进闸、乘坐、转车、到站、出站等，增加宝宝的认知经验和社会经验。
- 增强安全意识，宝宝全程要有父母或家人陪伴。尤其在乘坐自动扶梯、进出地铁门时，成人要抱着或揽着宝宝，以防发生意外。
- 成人要做好榜样，不逃票，不拉门，不在地铁里吃东西等，自觉遵守乘车规则。
- 回家后可与宝宝交流乘坐地铁的感受，也可以与宝宝画画乘地铁的故事，还可以计划下次乘地铁去的地方。

此处可以贴上宝宝的活动照片，爸爸妈妈还可以与宝宝看着照片讲故事。

成长记录

时　　间：和大人一起乘坐地铁，发生在＿＿年＿＿月＿＿日，星
　　　　　期＿＿。宝宝＿＿岁＿＿月。

陪 伴 者：＿＿＿＿＿。乘坐地铁的目的地：＿＿＿＿＿。

自我评价：请宝宝根据开心程度涂色，满分是五颗星。

相关链接：

可以和宝宝一起阅读图画书《地铁开工了》（北京科学技术出版社）。

饲养小动物

5

成长事件　在家里饲养小金鱼、小乌龟、蚕宝宝、小鸡、小猫或小狗等某种小动物，每天观察、了解小动物的生活习性和成长过程。

专家分析

在饲养小动物的过程中，激发宝宝热爱动物、热爱生命的情感。

在每日喂养、照料，以及处理小动物生病等意外事件中，培育宝宝的责任感，培养宝宝的任务意识和主人翁精神。

在与小动物的互动中，锻炼宝宝的观察能力、动手能力、自主解决问题的能力，以及记录能力等。

认识诞生、成长、疾病、死亡等生命过程，学会接受和感恩，学会坚强和勇敢。

温馨提示

- 饲养哪种小动物，一方面要考虑家庭的环境和条件，另一方面也要与宝宝商量、沟通，尊重宝宝的意愿，尽可能满足宝宝的情感需求。
- 注意安全。要在成人的看护下让宝宝与小动物接触，既要避免宝宝被啄伤、咬疼，又要避免小动物被宝宝捏伤、弄伤。过敏体质的宝宝注意防护。
- 关注宝宝的情绪，若宝宝害怕小动物，就不要勉强他。可以先抱着宝宝观察，循序渐进地使之适应。
- 小年龄宝宝以观察为主，大年龄宝宝可以亲自饲养，鼓励宝宝参与购买饲料、准备食物、喂食喂水和打扫清洁等活动，体验饲养过程的责任和乐趣。
- 与宝宝一起做观察记录，大年龄宝宝可以鼓励他们用图画、符号等记下小动物的生长、变化过程。

此处可以贴上宝宝的活动照片，爸爸妈妈还可以与宝宝看着照片讲故事。

成长记录

时　　间：饲养的小动物是＿＿＿＿，是从＿＿＿年＿＿月＿＿日
　　　　　开始饲养的。宝宝＿＿＿岁＿＿月。

陪 伴 者：＿＿＿＿＿。

自我评价：请宝宝根据开心程度涂色，满分是五颗星。

相关链接：

可以陪宝宝一起观看英国广播公司的纪录片《荒野间谍》。

15

6

与亲人
视频聊天

成长事件　父母外出时，可以通过视频与宝宝聊天；平时，也可以鼓励宝宝借助视频问候亲朋好友。

与出差或旅游在外的父母视频聊天，可以满足宝宝对亲人的思念和依恋，减少距离感，加强亲子交流。

利用电脑、手机进行"面对面"的交流，能让宝宝充分感受现代化通信工具的便利与神奇。

借助视频与亲朋好友进行互动，可以让宝宝学会关心和问候长辈。与其他小朋友的视频互动，可以增强宝宝的社会交往能力。

在视频聊天中，能锻炼宝宝的语言表达能力，让他更加愿说、爱说、会说。

专家分析

温馨提示

- 视频前，父母要与对方预约视频时间，简要交流谈话内容（尤其是宝宝第一次视频前），做好充分准备，使视频交流过程更加有意义。同时，也要与宝宝一起讨论，视频时可以说什么，怎么说，如何称呼对方，怎么问候对方等。
- 视频时，鼓励宝宝大胆表达，可以说说最近发生的事情，也可以说说想念和问候的话。尽量让宝宝独立说，不要干扰和打断宝宝。
- 让宝宝直观了解用电脑或手机进行视频的过程（包括开、关和调节），引发他对高科技产品的好奇心和探索兴趣，丰富他的认知经验。
- 一次视频时间不宜太长，还要控制视频时宝宝与屏幕的距离。
- 视频结束后，要对宝宝的表现（如使用礼貌用语、有规则意识等）及时予以鼓励和评价。

此处可以贴上宝宝的活动照片，爸爸妈妈还可以与宝宝看着照片讲故事。

成长记录

时　　间：宝宝第一次同亲人视频，发生在＿＿＿年＿＿＿月＿＿＿日，
星期＿＿＿．宝宝＿＿＿岁＿＿＿月．

陪 伴 者：＿＿＿＿＿＿．视频对象：＿＿＿＿＿＿．

自我评价：请宝宝根据开心程度涂色，满分是五颗星。

相关链接：

可以和宝宝一起阅读图画书《我想给你打电话》（北京科学技术出版社）。

7 看夜景

成长事件　夜晚，是一天中最放松、惬意的时刻。父母同宝宝一起，或在家里阳台上看星星、赏月亮，或与宝宝一起到街道上散步，看城市的夜景。

专家分析

看夜景，能发现大自然的奇妙，感知夜晚与白天的不同、星星与月亮的周期性变化，培育宝宝对大自然的热爱之情和探索的兴趣。

让宝宝充分感知夜晚的美丽，体验现代化大城市的独特魅力。

培养宝宝的观察能力、分析比较能力。比如，发现农历初一与农历十五的月亮有何不同，夜晚与白天的商店橱窗有何不同，夜晚马路边的路灯、大树、行人有什么特点等。

父母与宝宝一起看夜景、散步，能增进亲子感情；一起用语言描述所见所闻，能提高宝宝的语言表达能力。

温馨提示

- 父母与宝宝一起看星星、赏月亮，要选择适当的天气和日期（如农历初一和十五），让宝宝充分感受夜晚天空的神秘和变化之美。
- 可以为宝宝准备望远镜，激发宝宝探索、观察夜空的兴趣。但看望远镜的时间不易太长，以免眼睛疲劳。
- 夜晚与宝宝一起看夜景要注意安全，千万不能让宝宝离开大人的视线。
- 看夜景的过程中，父母要充分利用这个亲子交流的机会，与宝宝分享观察体验，并让宝宝多发现、多提问、多表达。

此处可以贴上宝宝的活动照片，爸爸妈妈还可以与宝宝看着照片讲故事。

成长记录

时　　间:＿＿＿年＿＿＿月＿＿＿日，星期＿＿＿．宝宝＿＿＿岁＿＿＿月．

陪　伴　者:＿＿＿＿＿＿．发现的夜景秘密:＿＿＿＿＿＿．

自我评价: 请宝宝根据开心程度涂色，满分是五颗星．

☆ ☆ ☆ ☆ ☆

相关链接:

可以和宝宝一起阅读图画书《带月亮的房子》(上海教育出版社)和《月亮晚上做什么》(贵州人民出版社)。

比高矮比体重

8

成长事件　量身高称体重，是成长过程中一件非常重要的事。可以在家里的门边上给宝宝画上身高测量线，宝宝也可以在幼儿园里与同伴比高矮、比体重，感受成长的快乐。

专家分析

在量身高称体重的过程中，宝宝感受成长的快乐，激发成长的愿望和期待，增强自我意识和独立性。

宝宝会对测量身高体重所得数字的大小、变化有探索的兴趣，并能发现不同的数量单位背后的秘密。

感受身体健康的意义，让宝宝知道健康饮食、合理运动对身体的重要性，并了解如果体重超标了，要调整饮食，加强运动。

宝宝在与同伴比高矮比体重的过程中，体验互相帮助的快乐。

温馨提示

- 在家里创设量身高、称体重的环境。如定期让宝宝进行测量，在墙上、门后记录身高，定期用电子秤称体重等。
- 马路边、商场里，也常有测量身高体重的仪器，可以在经过时让宝宝进行测量，激发他的兴趣。
- 父母准备小本子，与宝宝一起把每次测量的结果记录下来，进行比较、分析，及时发现宝宝的健康问题，并对饮食和运动作调整。
- 让宝宝把记录本带到幼儿园去，与同伴一起分享、交流身高体重的情况，学会互相比较和分析。
- 就身高和体重开展家庭讨论，培养宝宝健康管理的意识和能力，并加强亲子互动。

此处可以贴上宝宝的活动照片，爸爸妈妈还可以与宝宝看着照片讲故事。

成长记录

时　　间：宝宝能独自站立后的第一次身高测量，是
在＿＿＿年＿＿＿月＿＿＿日，宝宝＿＿＿岁＿＿＿月。

陪 伴 者：＿＿＿＿＿＿．测量的结果：＿＿＿＿＿＿．

自我评价：请宝宝根据开心程度涂色，满分是五颗星。

☆ ☆ ☆ ☆ ☆

相关链接：
可以和宝宝一起阅读图画书《哪个更重？》《到底是哪个？》（少年儿童出版社）。

涂鸦

9

成长事件　宝宝喜欢随手涂鸦，纸上、墙上、桌子上、椅子上、地板上……到处会留下宝宝涂涂画画的"作品"。

专家分析

涂鸦可以满足宝宝情感宣泄的需要，排遣内心的不安全感和紧张感，让宝宝在瞬间获得满足和愉悦。

可以培养宝宝对艺术的最初兴趣，信手拈来的线条、图形、色彩，以及由此带来的联想，会让宝宝感受自由创作的乐趣。

对作品的联想，可以培养宝宝的艺术想象力和语言表达能力。

在涂鸦中，还可以锻炼宝宝手部、手腕的动作和手眼协调能力。

温馨提示

- 创造条件让宝宝在规定的区域内涂鸦，如在特定的小桌子、墙上的小黑板、门口的水泥地，以及瓷砖、镜子的水雾上涂鸦，避免乱画乱涂，影响环境。
- 可以为宝宝提供不同的画具，如记号笔、蜡笔、粉笔、毛笔、刷子（沾水在地上画）等，体会不同画具带来的不同感受与不同效果。
- 成人要与宝宝互动。如在宝宝的涂鸦上添画，让它更形象，"这只小鸟飞起来了""这幢房子有个大大的门"；把宝宝的涂鸦作品按轮廓剪下来，共同欣赏；一起看着宝宝的涂鸦作品进行联想，"这像天上的云""这是一只小蝌蚪"……在互动中，要充分尊重宝宝的意愿和作品。
- 父母也可以和宝宝一起在涂鸦墙上创作，鼓励宝宝大胆表达、想象。
- 涂鸦后与宝宝一起"打扫战场"，养成物归原处、保持整洁的好习惯。
- 可以带宝宝一起欣赏城市中的景观涂鸦墙，提升宝宝对艺术作品的感受力和欣赏能力。

此处可以贴上宝宝的活动照片，爸爸妈妈还可以与宝宝看着照片讲故事。

成长记录

时　　间：宝宝第一次涂鸦发生在_____年_____月_____日，星
期_____。宝宝_____岁_____月。

陪 伴 者：_____。涂鸦的内容：_____。

自我评价：请宝宝根据开心程度涂色，满分是五颗星。

相关链接：

可以和宝宝一起阅读图画书《变变变》和《威利的画》（二十一世纪出版社）、《小蓝和小黄》（明天出版社）、《温迪嬷嬷讲述绘画的故事》（生活·读书·新知三联书店）。

23

10 接爸爸(妈妈)回家

成长事件 宝宝与妈妈一起去车站等待下班回家的爸爸；妈妈出差、旅游回来时，爸爸带着宝宝一起去火车站、机场接妈妈。

专家分析

在等待、期盼中，在数日子、算时间中，让宝宝感受父母上班的辛苦、出差的劳累。

宝宝感受看到父母那瞬间的喜悦，彼此拥抱、亲吻带来的甜蜜，体验久别重逢的快乐、一家人和睦相处的幸福。

交流分别的日子里发生的事情，如爸爸今天上班解决的一个问题、妈妈出差遇见的一个熟人、宝宝今天在家里做过的一件家务等，增进相互了解。

在享受爸爸下班路上买的食物，拆开妈妈出差带回家的礼物时，宝宝获得好奇心和探索欲望的满足，并收获合家幸福的快乐。

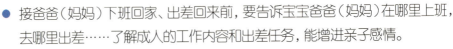

温馨提示

- 接爸爸(妈妈)下班回家、出差回来前，要告诉宝宝爸爸(妈妈)在哪里上班，去哪里出差……了解成人的工作内容和出差任务，能增进亲子感情。
- 大人上班或出差前，要与宝宝有交流，告诉宝宝"今晚妈妈要开会，可能晚上6点钟到家""爸爸去南京出差，三天后的周五下午回来"等，既让宝宝有等待的预期，又能培养宝宝初步的时间概念。
- 陪伴宝宝的大人要与宝宝一起看时间、算日子，"还有两小时，妈妈就下班了""现在妈妈已经在地铁上了""爸爸出差明天回来""爸爸的火车还有10分钟到站"……让宝宝在等待、期盼中，增进亲子感情。

此处可以贴上宝宝的活动照片，爸爸妈妈还可以与宝宝看着照片讲故事。

成长记录

时　　间：第一次接父母下班(出差)回家发生在＿＿年＿＿月＿＿日，

星期＿＿，宝宝＿＿岁＿＿月。

陪 伴 者：＿＿＿＿＿，接站的对象：＿＿＿＿＿。

自我评价：请宝宝根据开心程度涂色，满分是五颗星。

☆ ☆ ☆ ☆ ☆

- 在去车站或机场的路上，可以和宝宝讨论与爸爸（妈妈）见面后的第一句话说什么，如"妈妈上班辛苦了""爸爸出差，宝宝好想你"等，让宝宝学会表达情感；可以准备一束花，或给予一个拥抱、亲吻，还可以在火车站、机场拍张照片作为留念。
- 回到家后，一家人分享食物或礼物，爸爸（妈妈）可以介绍上班趣事或出差逸闻，并和宝宝一起看照片、视频。也可以请宝宝给爷爷奶奶、外公外婆打个电话，报告爸爸（妈妈）回来的消息，培养尊敬、关爱祖辈的良好品行。

相关链接：
可以和宝宝一起阅读图画书《小夜熊》（新星出版社）。

11 与小机器人说话

成长事件 现在，很多场合都有小机器人，宝宝多了一位能说话、会游戏的"小伙伴"……

与机器人互动能让宝宝充分感受人工智能和现代化设备的有趣与神奇，增强他对高科技产品的探索兴趣。

与机器人进行"面对面"的交流，能锻炼宝宝的思维敏捷性和语言表达能力，让宝宝更加愿说、爱说、会说。

与机器人互动，宝宝没有拘束感，能更加放松、自由地表达。

智能机器人能根据每个宝宝的思维与语言水平进行"因材施教"的调节，使得它与宝宝的互动符合宝宝的发展水平。

与智能机器人互动、交流的过程，可以开拓宝宝的视野，丰富他的知识经验，增进他对生活和世界的了解。

专家分析

温馨提示

- 根据宝宝的年龄特点，选择适合其操作、互动的机器人。充分发挥机器人与宝宝互动的各种本领，如对话、唱歌、跳舞、讲故事、说笑话、玩脑筋急转弯、播新闻、报天气、说相声等。
- 鼓励宝宝大胆表达和交流。一开始，成人可以与宝宝一起与机器人对话，之后逐渐过渡到宝宝独自与机器人对话。成人尽量不要干扰和打断他们的交流。
- 让宝宝直观感知如何使用智能机器人，了解机器人的开、关、调节，增强他对高科技产品的好奇心和探索兴趣，丰富他的认知经验和动手操作能力。

此处可以贴上宝宝的活动照片，爸爸妈妈还可以与宝宝看着照片讲故事。

成长记录

时　　间：宝宝第一次与机器人互动发生在＿＿＿年＿＿＿月＿＿＿日，
星期＿＿＿。宝宝＿＿＿岁＿＿＿月。

陪 伴 者：＿＿＿＿＿＿。与机器人互动的内容：＿＿＿＿＿＿。

自我评价：请宝宝根据开心程度涂色，满分是五颗星。

☆☆☆☆☆

- 丰富宝宝的相关经验，可以给宝宝介绍其他家用机器人，如清扫机器人、厨师机器人、娱乐机器人、搬运机器人、监护机器人等。
- 注意使用时的安全。不要在潮湿的环境中使用机器人，以免电机受潮发生短路。一次使用时间不宜过长，如果机身过热，应该关机一段时间再使用，防止电机过热而烧毁。此外，还要教会宝宝正确使用紧急报警按钮，以防意外。

相关链接：

1. 和宝宝一起看动画片《机器人总动员》。
2. 可以和宝宝一起阅读图画书《温妮和捣蛋机器人》(外语教学与研究出版社)。

12 去动物园

成长事件　　去动物园，是每个家庭都会为宝宝设计的一项外出活动。宝宝在动物园里寻找自己熟悉的动物，了解它们的生活习性，同时认识更多新的动物朋友，感受动物世界的新奇与有趣。

专家分析

在动物园，宝宝能直观地看到动物的体形和真实状态，发现、比较真实的动物与平时听故事、看图画书时了解的动物之间的差异。帮助宝宝建立正确的动物概念，发展他观察与比较异同的能力。

在动物园游玩的过程中，了解动物不同的生活环境（山坡、草丛、森林、洞穴、河流等），以及动物不同的生活习性，并做一些分类（如温顺的、凶猛的，食草的、食肉的，群居的、独居的等），拓展宝宝对动物世界的认识，激发他探究动物的兴趣。

在与动物近距离接触的过程中，帮助宝宝理解、感受动物是有生命、有情感的，是人类的朋友，潜移默化地培育宝宝对动物的喜爱之情。

让宝宝了解生活中有多种记录方式。父母可以利用这个机会，和宝宝共同讨论出行计划，学习记录出行见闻，如拍照、绘画、写下宝宝的童言稚语等。

此处可以贴上宝宝的活动照片，爸爸妈妈还可以与宝宝看着照片讲故事。

成 长 记 录

时　　间：____年____月____日，星期____．宝宝____岁____月．

陪 伴 者：_____．动物园名称：_____．

自我评价：请宝宝根据开心程度涂色，满分是五颗星．

☆☆☆☆☆

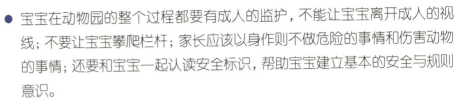

● 宝宝在动物园的整个过程都要有成人的监护，不能让宝宝离开成人的视线；不要让宝宝攀爬栏杆；家长应该以身作则不做危险的事情和伤害动物的事情；还要和宝宝一起认读安全标识，帮助宝宝建立基本的安全与规则意识。

● 和宝宝一起做出行前的准备工作。如合理规划当天的行程，既要尊重宝宝的意愿，又要照顾宝宝的体力；整理去动物园的物品，带好动物园地图、食物、饮用水、动物图书等。

● 对于小年龄宝宝，出行前父母要做好宝宝的心理建设，告知他动物会叫，动物园有栏杆，动物不会随便出来等，以免宝宝产生恐惧感。参观动物园时，可以先看温顺的小动物，再看猛兽，千万不能操之过急。家长和宝宝一起观察动物，倾听动物叫声，观看动物表演，让宝宝慢慢"走近"动物，培育喜爱动物的情感。

● 重视回家后和宝宝的讨论，回忆看到的动物，帮助宝宝正确识别动物。还可以和图画书中的动物做比较，感知动物的真实大小、特征上的差异。

相关链接：

1. 可以带宝宝去动物园，那里动物种类非常丰富，能看到许多国内外珍稀的动物；可以去野生动物园，那里动物数量多，有视觉冲击力；还可以去海洋公园，那里有许多海洋动物。

2. 可以和宝宝一起阅读图画书《亲爱的动物园》（二十一世纪出版社）。

乘船

13

成长事件　乘船，是生活中特别的体验。公园里的游船，过江的摆渡船，海上的邮轮……荡漾在水面上，会引发宝宝许多新感受。

专家分析

在已有的陆地交通工具（汽车、地铁、火车）的经验基础上，了解在水上行驶的交通工具，让宝宝感受交通工具的多样性。

在乘船过程中，体验不同大小、特点的船行驶在不同水面（江、河、湖、海）上的不同感受，发现船在不同水域中航行的变化（摇晃节律、速度等），激发宝宝对江、河、湖、海各种水域的兴趣。

了解船的基本种类（帆船、邮轮等），探究船的基本构造（船头、船舱、甲板等），培养宝宝对新鲜事物好奇、好问的习惯。

在观察、欣赏沿路的风景时，宝宝能了解城市、乡村的不同特点和风貌，丰富知识，开阔眼界。

船在航行时，不同的人有不同的体验（有人会晕船、呕吐等），能锻炼宝宝的身体平衡能力，培养他勇敢面对困难的意志品质。

温馨提示

- 乘船时，成人必须全程陪同，视线紧紧跟随宝宝。注意安全，必要时穿好救生衣。告诉宝宝乘船时不能独自随意走动，小年龄宝宝可以由父母抱着。
- 乘船出行前应准备充分，如果乘船远行可以先让宝宝吃晕船药，做好乘船的心理疏导，减轻他的恐惧情绪。

此处可以贴上宝宝的活动照片，爸爸妈妈还可以与宝宝看着照片讲故事。

成长记录

时　　间：＿＿年＿＿月＿＿日，星期＿＿．宝宝＿＿岁＿＿月．

船　　名：＿＿＿＿．行驶目的地：＿＿＿＿．陪伴者：＿＿＿＿．

自我评价：请宝宝根据开心程度涂色，满分是五颗星．

- 带宝宝乘船应循序渐进，先从公园里划小船、坐摆渡船开始，有条件的话，再让宝宝乘坐在大海中航行的邮轮，让宝宝逐渐适应在不同水域中航行的船。
- 船在航行中，宝宝可能会提出各种问题，父母要及时带宝宝寻找问题的答案，告诉宝宝船上一些部件的名称及功能，及时与宝宝交流航行时的所见所闻。

相关链接：

1. 可以带宝宝参观航海博物馆。
2. 可以和宝宝一起阅读图画书《和甘伯伯去游河》（河北教育出版社）。

接受拒绝

14

成长事件 宝宝会说话后，开始用语言表达自己的各种想法，有些想法在成人的帮助下能得到实现与满足，而有些不合理、不合适的想法会遭到拒绝，这对宝宝是非常严峻的考验。

专家分析

接受拒绝是宝宝心理成长的一个里程碑。随着年龄增长，宝宝必须懂得，不是每件事都能被允许，自己的想法与要求不是都能得到满足，有些事情是不能做的。随着能逐渐明辨是非对错，宝宝能初步建立是非观念。

接受别人拒绝的过程，也是在培育宝宝的抗挫能力。

遭遇拒绝后，宝宝会反思、调整自己的想法与行为，提高社会化能力。

温馨提示

- 父母第一次拒绝宝宝的无理要求时，要语气温和，讲清原因；但态度要坚决，全家看法要一致。如果宝宝接受拒绝，父母要感谢宝宝的理解与接受，及时给予肯定与爱抚，平衡亲子关系。

- 当宝宝情绪对立，一时不愿接受拒绝时，父母要耐心倾听宝宝的理由和其他要求，如果有合理的部分，家长要及时做出让步与修正，让宝宝感受到父母是讲道理的，父母要为宝宝树立知错即改的榜样。

- 如果宝宝以大哭大闹的方式来拒绝，父母可以先适当地冷处理，不予理睬，等宝宝情绪缓解后，再耐心讲道理。

- 随着宝宝思维、行为能力的发展，他的想法会越来越多，父母最好能让宝宝明白大人的接受底线，让宝宝学习自我调控，接受拒绝时有一个情绪缓冲。

- 教会宝宝在生活中用语言拒绝他人，不能用肢体动作，更不能用哭闹的方式表达。

此处可以贴上宝宝的活动照片，爸爸妈妈还可以与宝宝看着照片讲故事。

成长记录

时　　间：宝宝第一次能够接受拒绝发生在＿＿＿年＿＿＿月＿＿＿日，
星期＿＿＿．宝宝＿＿＿岁＿＿＿月．

事　　件：＿＿＿＿＿＿＿．陪 伴 者：＿＿＿＿＿＿．

自我评价：请宝宝根据接受程度涂色，满分是五颗星。

☆ ☆ ☆ ☆ ☆

相关链接：

1. 可以和宝宝一起阅读图画书《米米说不》（河北少年儿童出版社）。

2. 父母可以阅读图书《斯波克育儿经》（第八版）（南海出版公司）中"爱与限度"的内容。

每年在同一个地方拍照

成长事件　每个家庭都喜欢给宝宝拍照，每年在同一个地方拍照，能清晰地感受到宝宝渐渐长大，也能感受生活的变化、城市的变迁。

专家分析

宝宝能从每年拍摄的照片中，发现日期的变化，感受时间的流逝，知道一年过去了，自己又长大一岁，建立初步的时间概念。

比较每年拍摄的照片，帮助宝宝发现人与物的变化，学习寻找相片中细微的变化，了解自己的成长轨迹，感受生活的变迁。

坚持每年在相同的地方拍照，可以潜移默化地培养宝宝做事的专注度与坚持性。

照片是生活的真实记录，可以从中感受到人与自然、社会、家庭的关系，让宝宝对自己生活的环境、身边的亲人产生依恋与感恩之情。

温馨提示

- 每年在相同时间、相同地点拍照留念，照片上要留下清晰的日期和宝宝的年龄，可以让宝宝用手势或蛋糕上的蜡烛表示出年龄。
- 拍照的时间可以是宝宝的生日，也可以是节庆假期等，便于记忆，不易遗忘。
- 地点的选择要有一定的意义。可以是宝宝的成长地标，如出生的医院、早教中心等，有助于宝宝了解生命的轨迹；可以是生活中的标志性环境或建筑，如外滩、小区景观等，有助于宝宝发现城市日新月异的变化；可以是自然界的事物，如一棵树苗、一片小树林等，有助于宝宝认识大自然；也可以是与家人的合照，发现家庭人数的增减，有助于宝宝感受生命的历程。
- 这是一个成人设计、儿童为主体的活动。每次拍照前都要与宝宝商量，尊重宝宝的想法，满足宝宝合理的要求，不以成人的想法强加于宝宝。

此处可以贴上宝宝的活动照片，爸爸妈妈还可以与宝宝看着照片讲故事。

成长记录

时　　间：每年的＿＿月＿＿日拍摄．

拍摄地点：＿＿＿＿＿＿＿＿．陪　伴　者：＿＿＿＿＿＿．

自我评价：请宝宝根据开心程度涂色，满分是五颗星．

☆ ☆ ☆ ☆ ☆

● 这本相册的收集需要坚持数年，这是宝宝学习过程性观察与比较性观察的实用资料。

相关链接：

1. 可以寻找相关网站制作相册。

2. 和宝宝一起阅读图画书《大家一起来照相》（北京联合出版公司）。

16 欣赏父母婚礼的视频或照片

成长事件 与宝宝一起欣赏爸爸妈妈结婚时的视频或照片，从婚礼现场的环境布置，到亲朋好友的祝福和贺礼，宝宝能从中感受到喜庆与欢乐。

专家分析

能让宝宝知道，婚礼是两个相爱的人在一起生活的开始，从婚礼上出现的物品（花球、戒指）、过程（亲人的祝福、对拜、拥抱）中，感受到婚礼的隆重，进而感知父母是非常相爱的。

与宝宝一起观察，指认出席婚礼的亲朋好友，为宝宝解答婚礼中没有宝宝的原因，对宝宝进行科学的性启蒙教育。

让宝宝了解两个相爱的人在一起，慢慢孕育了宝宝，宝宝是父母爱的结晶，从而体验全家人在一起的甜蜜与幸福。

在观看视频的过程中，与宝宝进行语言交流，鼓励宝宝学习用优美的语言表述美好的事件。

温馨提示

- 宝宝一定会对父母的婚礼提出很多问题，父母要大方、得体地回答宝宝的问题。可以借助绘本、故事巧妙地告诉宝宝什么是婚姻。与宝宝交流这个话题必须慎重，父母应事先统一说法，避免让宝宝产生误解。
- 如果条件允许，全家可以在父母结婚纪念日补拍一张穿婚纱的全家福，让宝宝一起参与，满足宝宝对婚礼的向往，感受全家人在一起的幸福。
- 和宝宝一起看父母结婚证、宝宝出生证，通过日期的先后，让宝宝知道是父母的婚姻迎来了宝宝的降生，初步理解父母与子女的关系。

此处可以贴上宝宝的活动照片，爸爸妈妈还可以与宝宝看着照片讲故事。

成长记录

时　　间：___年___月___日，星期___．宝宝___岁___月．

陪 伴 者：_____．

自我评价：请宝宝根据开心程度涂色，满分是五颗星．

☆☆☆☆☆

相关链接：

可以带宝宝参观父母举办婚礼的地方，或欣赏父母的结婚礼服。

17 阅读

成长事件　阅读图书，这是每位爸爸妈妈都会给宝宝安排的"学习"。在每天的亲子阅读中，宝宝长大了。

让宝宝在固定的时间、固定的地点进行阅读，知道阅读是生活中与吃饭、睡觉、游戏同等重要的一件事，帮助宝宝养成每天阅读，甚至终生爱阅读的生活方式。

与父母一起阅读，交流阅读的感想，可以让宝宝感受父母广博的知识来源于阅读，产生对父母的崇拜之情以及探寻书本秘密的欲望，帮助他建立与阅读的情感联结。

各类书本的阅读，能开阔宝宝的眼界，让宝宝感受书中传递的情感、知识、解决问题的方法，潜移默化地习得面对世界的能力，体会阅读给人带来的特殊能量。

鼓励宝宝在现实生活中寻找、发现书本中看到的图画、文字、标识等，培养他观察的敏锐性与思维的灵活性。

专家分析

温馨提示

- 创设阅读环境，有条件的家庭可以建一个图书角，保持阅读环境的干净整洁。
- 可以让宝宝选择自己喜欢的图书，也可以向宝宝介绍父母喜欢的图书，告诉宝宝书本与自己生活、工作的关系。父母不必在乎小年龄宝宝阅读的图书数量，一本也可以，关键是养成阅读的习惯。
- 带宝宝参加各种与阅读相关的活动，如朗读会、故事大赛、书展等，感受阅读与生活的密切关系。

此处可以贴上宝宝的活动照片，爸爸妈妈还可以与宝宝看着照片讲故事。

成长记录

时　　间：宝宝第一次阅读图书是在＿＿＿年＿＿＿月＿＿＿日，星期＿＿＿．宝宝＿＿＿岁＿＿＿月．

阅读书目：＿＿＿＿＿＿＿＿＿．

陪 伴 者：＿＿＿＿＿＿．

自我评价：请宝宝根据开心程度涂色，满分是五颗星。

☆ ☆ ☆ ☆ ☆

- 父母应熟悉宝宝喜欢的图书，以便和宝宝交流。如果是外文图书，可以原文朗读，让宝宝欣赏不同的语言，提高阅读的趣味性。
- 注意用眼卫生，阅读时光线应柔和明亮，桌椅高度合适，阅读时间不宜过长，10 分钟之内即可。

相关链接：
1. 给宝宝订阅幼儿杂志《看图说话》(上海教育出版社)。
2. 可以和宝宝一起阅读图画书《我喜欢书》(河北教育出版社)。
3. 带宝宝参观少年儿童图书馆。

收到礼物

18

成长事件　　宝宝生日或节庆时节，会收到来自父母、祖辈和其他亲朋好友的礼物，有好玩的、好吃的、好看的……收到礼物会让宝宝兴奋不已。

专家分析

宝宝在特别的日子、特殊的时刻收到礼物，在打开礼物的过程中，可以让宝宝感受到自己被别人关注的愉悦，满足被呵护与关爱的需要。

打开礼物，了解送礼物人的名字，听父母介绍礼物中传递的祝福，可以让宝宝了解送礼物的人与自己的关系，培育对所有关心自己的人的感恩之情。

大年龄宝宝可以让他们亲手打开礼物，边打开边猜测礼物盒里可能是什么，能激发宝宝的好奇心，培养他的动手能力与耐心。

在分享礼物的过程中，与宝宝进行语言交流，帮助他了解一件礼物需要很多人爱的付出，比如先要精心挑选或制作礼物，再要细心包装礼物，小心递送礼物等，鼓励宝宝用自己的方式对亲人表达谢意。

温馨提示

- 为宝宝选择礼物，非常考验父母的智慧。不必在意礼物的经济价值，重要的是要知道宝宝喜欢什么，需要什么，尽可能尊重宝宝的喜好。礼物要让宝宝亲手打开，满足宝宝对礼物的期待。
- 送礼物时要有仪式感。礼物不论大小，包装要精美，送出时一定要带上美好的祝福。不要用给宝宝提要求来代替祝福，并拿礼物作为奖惩的理由。有条件的家庭，可以为宝宝准备礼物展示角，表达对礼物的珍视。
- 收到礼物后，可以教宝宝学习如何回赠礼物。和宝宝一起为亲人、朋友准备

此处可以贴上宝宝的活动照片，爸爸妈妈还可以与宝宝看着照片讲故事。

成长记录

时　　间：＿＿年＿＿月＿＿日，星期＿＿．宝宝＿＿岁＿＿月．

礼　　物：＿＿＿＿＿．送礼物的亲友：＿＿＿＿＿．

陪 伴 者：＿＿＿＿＿．

自我评价：请宝宝根据开心程度涂色，满分是五颗星．

☆☆☆☆☆

礼物，重温收到礼物时的愉悦心情。鼓励宝宝自己决定送什么，也可以拿出几种物品让宝宝选择。要耐心等待宝宝，让宝宝学会自己做决定。和宝宝一起包装礼物，尽可能用宝宝平时的作品做装饰，和宝宝一起设想亲友收到礼物后的愉快心情，让宝宝感受分享的快乐。

● 如果收到快递送来的礼物，要提醒宝宝感谢送快递的叔叔，如说声"谢谢"，送瓶矿泉水等。还要提醒宝宝用打电话、发微信、回赠礼物等方式，表达对送礼物的人的感谢。

相关链接：

1. 可以带宝宝参观礼品商店，了解礼品的种类，理解礼品中蕴含的爱的元素。
2. 可以和宝宝一起阅读图画书《我》(少年儿童出版社)。

19

登高

成长事件　父母带着宝宝去登高，可以是高楼、山丘、电视塔等。登高远眺，能让宝宝体验不一样的视野。

专家分析

　　从高处能看到许多原来看不到的风景，俯视视角下，原来熟悉的事物与风景会发生大小、形状的变化，登高远眺会给人带来视觉冲击。

　　一步步往上攀登，宝宝挑战自己的心理极限，克服恐高情绪，能培育宝宝勇敢、乐于接受挑战的意志品质。

　　登高活动需要宝宝付出一定的体力，有助于锻炼宝宝的身体。

　　全家一起登高，用语言和肢体动作互相鼓励、互相关心，有助于增进亲子感情，享受运动带来的快乐。

温馨提示

- 注意安全，登高前要做好充分的准备。选择合适的天气，以春、秋季为宜。选择适宜的登高高度，应是宝宝能力所及范围内的高度。准备好相关装备，如合适的服装、鞋子，以及补充能量的食物与水。登高前还要进行热身运动。
- 有可能的话，邀请几个年龄相仿的宝宝一起登高。有同龄伙伴的陪伴，能减轻宝宝的恐惧心理。如果宝宝暂时不能克服恐高，不要勉强，以免在心理上造成无法消除的阴影。小年龄宝宝可以由成人抱着登高，让宝宝站在高处看风景。
- 登高和游玩相结合。可以在攀登的过程中和宝宝一起数数、念儿歌、记忆沿路的景点、比速度等，提高宝宝对登高活动的兴趣。
- 关注宝宝的体力状况，及时补充高能量食物，如巧克力、能量棒，还有水。要注意循序渐进，逐步增加登高的高度；如果高度很高，可以分几次完成登顶。

此处可以贴上宝宝的活动照片，爸爸妈妈还可以与宝宝看着照片讲故事。

成长记录

时　　间：＿＿年＿＿月＿＿日，星期＿＿．宝宝＿＿岁＿＿月．

登高地点（高度）：＿＿＿＿＿．陪伴者：＿＿＿＿＿．

自我评价：请宝宝根据开心程度涂色，满分是五颗星。

☆ ☆ ☆ ☆ ☆

相关链接：

登高还能和民俗文化相结合。每年的农历九月初九重阳节也称"登高节"。

剥开食物

成长事件　生活中，宝宝会和成人一起剥豆子、剥蛋、剥葡萄皮、剥花生等。剥剥吃吃，剥剥玩玩，趣味无穷。

宝宝在剥开食物时会猜想里面包裹着什么，剥开后发现其中的秘密，并验证之前的猜测是否正确，整个过程充满了探究的乐趣。

剥开食物需要宝宝手眼协调，手指动作灵活，精神高度集中，是训练宝宝专注力的好方法。

剥开不同的食物，可以丰富宝宝对食物的了解，拓展知识面，积累用不同方法剥开不同食物的经验，如撕、掰、用小工具等。宝宝可以感受动手操作的快乐。

帮助家人剥开食物，是为家人服务，能培养宝宝爱劳动和为大家服务的良好品质。

专家分析

温馨提示

- 剥开食物时要注意安全，不能让宝宝剥特别小的食物，避免将剥下来的食物放入嘴中直接吞咽或塞入耳鼻。
- 剥开食物时应有成人陪伴，剥生的食物时要告知宝宝不能直接进食，剥熟的食物时要保证食品卫生。
- 成人和宝宝一边剥开食物一边交流：有的食物剥开就能吃，有的食物剥开还不能吃；有的食物剥开一层还有一层；还有的食物要使用工具才能剥开。在动手的同时，动脑动口，还可以让宝宝比大小、猜形状、认颜色。
- 父母要对宝宝的劳动要表示感谢，偶尔也可以有些小小的物质奖励，让宝宝享受劳动的成就感。

此处可以贴上宝宝的活动照片，爸爸妈妈还可以与宝宝看着照片讲故事。

成长记录

时　　间：＿＿年＿＿月＿＿日，星期＿＿．宝宝＿＿岁＿＿月．

食物名称：＿＿＿＿＿＿＿．陪 伴 者：＿＿＿＿＿．

自我评价：请宝宝根据开心程度涂色，满分是五颗星．

☆ ☆ ☆ ☆ ☆

相关链接：

1. 可以和宝宝一起阅读图画书《打开，打开》（少年儿童出版社）。

2. 和宝宝一起搜集剥开食物的小工具，如剥瓜子剪刀，剥葡萄皮器，剥蒜器等，感受科技的进步。

3. 和宝宝一起尝试多种剥食物的方式，如把煮熟的鸡蛋放入干净的瓶子中，盖上盖子，用力上下摇晃几次，蛋壳很快就能剥去了。

21 给家里老人打电话

成长事件 父母定期或者经常鼓励宝宝和老人打电话、视频聊天，学习关心老人。

专家分析

给家中老人打电话，能培养宝宝从小关心老人、尊敬老人的良好品德。

与老人聊天，能培育家人之间的情感，促进宝宝的社会性发展。

在打电话和视频聊天中，宝宝学习使用文明礼貌用语，并从中获得谈话能力、提问能力的提升。

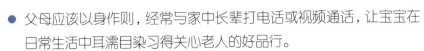

温馨提示

- 父母应该以身作则，经常与家中长辈打电话或视频通话，让宝宝在日常生活中耳濡目染习得关心老人的好品行。
- 打电话之前，如果宝宝不知道与老人交流什么内容，父母可以事先与宝宝商议，引导宝宝学着使用各种问候语："您身体好吗？""您今天出去锻炼身体了吗？""您想吃什么呀？"……也可以引导宝宝把自己发生过的某一件事情告诉老人，拓展宝宝打电话的内容，激发宝宝与老人聊天的兴趣。
- 日常生活中，家长经常与宝宝聊聊老人的工作、老人的喜好，以拓展宝宝与老人交谈的内容。
- 在聊天中，家长一定要学会尊重、倾听、等待，不要随意打断宝宝的表达，注意养成宝宝文明的语言交流习惯。聊完后，家长可以进行简单评价，鼓励宝宝的表现或提出一些建议。

此处可以贴上宝宝的活动照片，爸爸妈妈还可以与宝宝看着照片讲故事。

成长记录

时　　间：给＿＿＿＿＿＿打电话，发生在＿＿年＿＿月＿＿日，
　　　　　星期＿＿．宝宝＿＿岁＿＿月．

陪 伴 者：＿＿＿＿＿．

自我评价：请宝宝根据开心程度涂色，满分是五颗星。

相关链接：

可以和宝宝一起阅读图画书《打电话》（北京科学技术出版社）。

整理玩具箱

22

成长事件　　每次玩好玩具后，宝宝将自己的各种玩具（包括图书）物归原处。每隔一段时间，父母带着宝宝一起将破损的玩具修理好，将不需要的玩具送给他人。

专家分析

整理玩具箱可以养成宝宝做事有条理、物归原处的好习惯。

可以让宝宝学会"盘点"物品，学习分类，并学习有序摆放物品。

整理玩具箱可以提高宝宝的动手能力、自理能力。

有助于宝宝独立性、责任心、自信心的发展。

整理玩具箱，还能让宝宝从小获得物品循环利用的环保意识。

温馨提示

- 父母可以根据自己家的具体情况，给宝宝提供一个玩具箱或者玩具柜。从宝宝 2 岁开始，引导他玩好玩具后，将玩具放回箱子或橱柜里，并感受物品摆放整齐会十分舒适、美观。

- 有些宝宝喜欢把家里的玩具都从玩具箱里取出来堆放在地上。父母可以通过拟人化的故事让宝宝懂得"玩具要回家"，让宝宝学会及时整理玩具，即玩好玩具后要把玩具"送回家"，再拿其他玩具玩耍。

- 5—6 岁的宝宝，父母可以与宝宝一起设计玩具柜的标记，体验设计标记的乐趣，并根据标记摆放玩具。

- 从整理玩具箱开始，父母可以逐渐放手，让宝宝整理自己的小衣物或其他生活用品。

- 如果正逢家中搬迁，可以让宝宝看父母或者协助父母一起整理家中的各种用品。

此处可以贴上宝宝的活动照片，爸爸妈妈还可以与宝宝看着照片讲故事。

成 长 记 录

时　　间：宝宝第一次整理玩具发生在＿＿＿年＿＿＿月＿＿＿日，星
期＿＿＿．宝宝＿＿＿岁＿＿＿月．

陪 伴 者：＿＿＿＿＿＿．

自我评价：请宝宝根据开心程度涂色，满分是五颗星。

相关链接：

可以和宝宝一起阅读图画书《把东西放回原处》（江苏凤凰美术出版社）、《米米没问题·米米爱收拾》（上海文艺出版社）、《收拾房间的理由》（北京科学技术出版社）和《玩具要回家》（长江少年儿童出版社）。

23 吃带骨的食物

成长事件　随着宝宝年龄的增长，可以逐渐给大年龄宝宝提供一些带骨的食物，让宝宝自己用小手、牙齿、舌头剔出猪肉、鸡肉、鸭肉中的小骨头。

让宝宝品尝带骨的食物，可以让宝宝感受自己长大了，获得自豪感。

宝宝自己挑出、舔出、剔出小骨，有助于发展宝宝口腔、牙齿、舌头之间灵活协作的机能，有益于宝宝感知觉的发展。

吃带骨食物的过程还可以培养宝宝勇于挑战、不怕困难的品格。

专家分析

温馨提示

- 小年龄宝宝可以从啃鸡腿、鸡翅、大肋骨开始，大年龄幼儿可以尝试吃小排骨、带鱼等。成人需要演示、教授幼儿剔除鱼骨头、大鱼刺的方法。
- 建议在宝宝情绪愉快的时候，鼓励宝宝自己吃带骨的食物。成人要耐心等待，一旁观察，不要急着催促宝宝"赶快吃完"。
- 用餐完毕，可以引导宝宝将骨头等餐桌垃圾整理干净，养成良好的进餐习惯。
- 宝宝在品尝带骨食物时，成人要陪伴在一旁，万一出现小骨卡住宝宝喉咙等突发事件，家长切忌紧张、恐吓，应及时带宝宝去附近医院就诊。

此处可以贴上宝宝的活动照片，爸爸妈妈还可以与宝宝看着照片讲故事。

成长记录

时　　间：宝宝第一次吃带骨头的食物＿＿＿＿＿＿，发生在＿＿年＿＿月＿＿日，星期＿＿。宝宝＿＿岁＿＿月。

陪 伴 者：＿＿＿＿＿。

自我评价：请宝宝根据开心程度涂色，满分是五颗星。

相关链接：

可以和宝宝一起阅读图画书《子儿，吐吐》（明天出版社）和《食物卡在喉咙里了》（江西高校出版社）。

24 与爸爸妈妈一起外出旅游

成长事件　父母利用双休日或节假日，带着宝宝一起离开常住地，去异地观光旅游。

专家分析

与父母一起外出旅游可以开拓宝宝的视野，了解各地的民俗风情。可以让宝宝感受大自然的美好风光，产生热爱大自然的情感。

外出旅行还可以满足宝宝亲子依恋的情感需求，培养宝宝积极乐观、活泼开朗的个性。

旅行前的各种准备，如收拾行李、关闭家中各种电器等，能培养宝宝的自我管理能力和责任感。

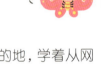

温馨提示

- 如果是自由行，家长可以和大年龄宝宝一起讨论旅游目的地，学着从网上、书籍中查阅当地风光、特色，初步安排好旅行日程、具体的观光路线，做到"有备而游"。
- 旅行前，家长可以让宝宝一起参与旅游前的准备，包括购买相关物品，选择合适的衣物，准备可能会用到的药品，整理箱包等。
- 旅行中，家长可以带宝宝一起购买当地明信片，写上祝福话语和心情感言，寄给家人或者自己，体验写明信片、寄明信片的乐趣。家长还可以培养宝宝收集门票、明信片的兴趣。
- 旅行中，只要宝宝身体、精神状况良好，家长就应该不厌其烦地与宝宝交流沿途的所见所闻，帮助宝宝学着用恰当的、优美的语言表达自己的感受。
- 旅行结束回家后，家长可以和宝宝一起整理照片、门票等，制作电子相册或者旅途纪念册，学会珍藏，享受回味。

此处可以贴上宝宝的活动照片，爸爸妈妈还可以与宝宝看着照片讲故事。

成长记录

时　　间：宝宝第一次出门旅游是在＿＿＿年＿＿＿月＿＿＿日，星期＿＿＿．
　　　　　宝宝＿＿＿岁＿＿＿月．

旅行地点：＿＿＿＿＿．陪伴者：＿＿＿＿＿．

自我评价：请宝宝根据开心程度涂色，满分是五颗星。

相关链接：

1. 可以和宝宝一起阅读图画书《旅之绘本》（新星出版社）和《特别的日子》（上海教育出版社）。

2. 可以保留旅行的火车票、机票、门票等，制作纪念册。

25 与爸爸一起下棋

成长事件　在家庭生活的休闲时光中，爸爸可以与宝宝一起做的游戏有很多，最常见的就是下棋，下飞行棋、五子棋、斗兽棋、围棋、象棋等。

专家分析

下棋是一种很好的思维训练活动，有助于提高宝宝观察的细致性、思维的灵活性和逻辑性。

能培育宝宝遵守规则的意识，学会在游戏中轮流、交替，并提高做事的专注性。

能增强宝宝的抗挫能力，培养宝宝解决问题的能力。

与爸爸一起下棋，有助于增进父子、父女间的情感。平时，宝宝可能与妈妈接触较多，但家庭教育中父亲的角色也不应缺失。父亲与宝宝一起开展亲子活动，对宝宝良好性格的形成具有积极意义。

温馨提示

- 爸爸可以根据宝宝的年龄和性格特点，按照由易到难的原则，为宝宝选择合适的棋类，可以从简单的娱乐棋到有难度的竞赛棋，逐渐提高难度。
- 爸爸可以与宝宝一起商议走棋规则，并要求宝宝遵守规则。每次游戏前，爸爸再次强调规则，如遇到宝宝"赖皮"，可以暂停游戏或择日再玩。若宝宝遵守游戏规则，则可予以奖励。
- 为了培养宝宝的兴趣，激发宝宝的"斗志"，在初始阶段，爸爸不妨输几局，让宝宝多赢几次，再逐渐过渡到让宝宝品尝"输"的滋味，逐渐懂得"胜不骄，败不馁"，学会坚强和动脑筋下棋。
- 当然，妈妈、祖辈或兄弟姐妹都能和宝宝下棋，与宝宝下棋应该成为家庭生活中经常性的娱乐项目。

此处可以贴上宝宝的活动照片，爸爸妈妈还可以与宝宝看着照片讲故事。

成长记录

时　　间：与爸爸一起下棋发生在＿＿＿年＿＿＿月＿＿＿日，星期＿＿＿.
　　　　　宝宝＿＿＿岁＿＿＿月.

陪 伴 者：＿＿＿＿＿＿.

自我评价：请宝宝根据开心程度涂色，满分是五颗星.

相关链接:

1. 可以和宝宝一起阅读图画书《爸爸的图画书》(明天出版社) 和《芒果大世界》(上海
　 教育出版社)。
2. 爸爸还可以和宝宝一起观看棋类比赛或相关的电视节目。

去一次农村

成长事件　　家长利用节假日或走亲访友的机会，带宝宝到农村，让宝宝在山坡上追赶蜻蜓，在小河边欣赏鸭鹅戏水，在农家品尝灶头饭，其乐无穷。

专家分析

去一次农村，可以让长期居住在城市里的宝宝体验农村生活，增加对稻米蔬菜、鸡鸭猪牛的感性认识，丰富认知经验。

让宝宝感受粮食、蔬菜等食物的来之不易，懂得珍惜食物，珍惜大自然中的一草一木，学会感恩。

宝宝能具体直观地比较农村与城市的异同，提高分析、比较能力。

能增进亲子情感，让宝宝感受家人在一起的喜悦之情。与当地居民的交谈、沟通，还能提高宝宝的交往能力。

温馨提示

- 生活在农村的宝宝，此项活动可以是"去一次城市"，坐地铁、看夜景，感受现代化大都市的生活。
- 结合时令水果和农作物的丰收季节，家长可以带着宝宝去近郊摘草莓、摘蚕豆等，体验动手劳作的辛苦和乐趣。
- 活动结束后，家长可以利用照片、视频等资料，和小年龄宝宝聊一聊农村有趣的地方；引导大年龄宝宝比较城市与农村的房屋、商店、马路、人群、动物、花草树木、气候、空气等的异同，辩证地分析、看待城市生活与农村生活的利和弊。
- 家长可以鼓励宝宝结交同龄的农村（城市）小伙伴，约定互相来往的方式以及下次走访的时间。

此处可以贴上宝宝的活动照片，爸爸妈妈还可以与宝宝看着照片讲故事。

成长记录

时　　间：宝宝第一次去农村（城市）是在＿＿年＿＿月＿＿日，
星期＿＿，宝宝＿＿岁＿＿月。

地　　点：＿＿＿＿。陪伴者：＿＿＿＿。

自我评价：请宝宝根据开心程度涂色，满分是五颗星。

☆ ☆ ☆ ☆ ☆

● 鼓励大班宝宝用绘画的方式表现自己眼中的农村（城市），并带到幼儿园，与小朋友们分享。

相关链接：

可以和宝宝一起阅读图画书《城里老鼠和乡下老鼠》（浙江人民美术出版社）。

玩折纸游戏

成长事件 　　一张薄薄的、普通的纸，通过层层折叠、翻转，变成了小青蛙、小衣服、小帽子、小皮球……在宝宝眼中，折纸就是变魔术。

专家分析

折纸能开发宝宝手脑并用的潜能，发展宝宝的空间智能。

玩折纸游戏能让宝宝体验传统文化的魅力，产生进一步探索的愿望。

折纸的过程考验宝宝的耐心、细心、专心，有助于提高宝宝做事的专注力和坚持性。

温馨提示

- 初始阶段，家长可以事先折好作品，然后利用折纸作品与宝宝做游戏，如青蛙跳跳跳、小猴爬宝塔等。
- 鼓励大年龄宝宝独立看图示折纸。
- 对宝宝来讲，"玩"比"折"更有吸引力。所以，当宝宝折纸遇到困难，出现退缩情绪时，家长可以帮助宝宝完成作品，让宝宝体验游戏的快乐。
- 结合绘本故事，家长可以与宝宝一起利用折纸作品开展故事讲述和创编活动。
- 将宝宝的折纸作品作为礼物赠送给亲朋好友，可以激发宝宝对手工制作活动的兴趣，这也是一种很好的激励方式。
- 还可以根据宝宝的兴趣，开展其他手工活动，如泥塑、剪纸、扎染等。

此处可以贴上宝宝的活动照片，爸爸妈妈还可以与宝宝看着照片讲故事。

成长记录

时　　间: 与宝宝一起折纸发生在＿＿＿年＿＿＿月＿＿＿日，星期＿＿＿. 宝宝＿＿＿岁＿＿＿月.

陪伴者: ＿＿＿＿＿＿.

自我评价: 请宝宝根据开心程度涂色，满分是五颗星.

相关链接:

1. 可以和宝宝一起看图书《可爱折纸》(少年儿童出版社)和《爱上折纸》(华东师范大学出版社)。
2. 带宝宝参加玩折纸的活动。

与爸爸玩球

成长事件

爸爸在忙碌的工作之余，利用闲暇时间与宝宝一起玩各种球类游戏，是家庭生活的一大乐趣。

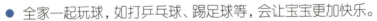

专家分析

在打球过程中，爸爸积极愉悦的精神状态，奔跑、投球、踢球的动作和力量，无不吸引、感染着宝宝，激起宝宝玩球的兴趣。

玩球可以锻炼宝宝的手腕力量，发展奔跑、跳跃、投掷等动作技能，还能提高宝宝的手眼协调性、身体的灵敏度和快速反应能力。

在游戏中，球类特有的反弹性可以提高宝宝对物体方向改变的预判能力。

温馨提示

- 全家一起玩球，如打乒乓球、踢足球等，会让宝宝更加快乐。
- 游戏中，安全第一。除了确保场地、环境、器械安全外，家长还要注意，不要因为运动量过大、过猛而让宝宝受伤。
- 家长可以引导小年龄宝宝玩出各种花样，如抛接球、双向滚球、来回踢球、滚球进洞门等，以发展宝宝的手臂、腿部力量为主。对于大年龄宝宝，家长可以与他们一起玩大运动量的球类游戏，并在游戏中强调规则，在竞赛中体验输赢。
- 家长可以带领宝宝去专门的篮球场、足球场，在宽敞的运动场地上打球，体验其中的挑战与刺激。
- 根据宝宝的兴趣，还可以与宝宝一起创造新的玩球方法。

此处可以贴上宝宝的活动照片，爸爸妈妈还可以与宝宝看着照片讲故事。

成长记录

时　　间：宝宝与爸爸一起打＿＿＿球，发生在＿＿＿年＿＿＿月＿＿＿日，
　　　　　　星期＿＿＿．宝宝＿＿＿岁＿＿＿月．

地　　点：＿＿＿＿＿＿．陪　伴　者：＿＿＿＿＿＿．

自我评价：请宝宝根据开心程度涂色，满分是五颗星．

☆ ☆ ☆ ☆ ☆

相关链接：

可以和宝宝一起阅读图书《你好，足球》（世界图书出版公司）。

接受惩罚

成长事件　　在游戏中，当宝宝输了或者违规了，要接受"停止""停玩一次"的"惩罚"。在生活中，当宝宝违反了规则或约定，出现错误的甚至伤害别人的言行时，也要接受适当的惩罚。

专家分析

适当的、合理的惩罚可以让宝宝懂得是非，明辨对与错。

让宝宝懂得遵守规则和约定的重要性，养成遵守游戏规则、社会规则的意识。

接受惩罚，学会道歉，可以让宝宝学会勇于承认错误，自觉承担行为的后果，培育责任心和独立性。

温馨提示

- 游戏前，先共同商议规则。比如下棋输了，可以是"刮一下鼻子""做一个怪脸""学小狗叫"等。不管是宝宝还是父母，都要遵守游戏规则。
- 在日常生活中，宝宝出现无理哭闹、发脾气摔物品、伤害他人等行为，父母可以用让宝宝自食其果、赔礼道歉、停止娱乐等方法，让宝宝懂得"不管是谁，犯了错误就要接受惩罚"。但要注意，惩罚不是体罚。
- 在生活中，"惩罚"要因人而异、适时适度。对年龄小、个性倔强、脾气急躁的宝宝可以先"冷处理"，等宝宝情绪稳定了再执行"惩罚"。大年龄、个性外向开朗的宝宝可以直接进行"惩罚"。对性格内向、腼腆的宝宝，不适宜当众进行"惩罚"。注意"惩罚"的方法，才能收获良好的效果。
- 可以提供多种"惩罚"方式，让宝宝挑选一种，自愿接受"惩罚"。一旦约定就不能"言而无信"。
- "惩罚"是一种教育手段，但不宜作为常用的教育方式。孩子犯错的时候，

此处可以贴上宝宝的活动照片，爸爸妈妈还可以与宝宝看着照片讲故事。

成长记录

时　　间：宝宝第一次接受惩罚，发生在＿＿＿年＿＿＿月＿＿＿日，
星期＿＿＿．宝宝＿＿＿岁＿＿＿月．

事　　由：＿＿＿＿＿＿．陪伴者：＿＿＿＿＿＿．

自我评价：请宝宝根据接受程度涂色，满分是五颗星．

父母首先应该"动之以情，晓之以理"，循循善诱，讲明事理。

● 父母自己做错事、违反规则的时候，也要接受惩罚。

相关链接：

可以和宝宝一起阅读图画书《奶奶的怪耳朵》（上海教育出版社）。

30 给垃圾分分类

成长事件 父母带着宝宝一起来到小区、马路边的垃圾分类投放点，认读垃圾分类的标志，并将家中各种废旧用品分门别类丢弃。

专家分析

让宝宝进行垃圾分类，能增强他的环保意识和社会责任感。

宝宝能学习分类，提高动手整理、物品归类的能力。

帮助宝宝认识有害垃圾、可回收垃圾等垃圾分类的标准，懂得"变废为宝"，养成良好的生活习惯。

温馨提示

- 家长在日常生活中应该以身作则，帮助宝宝养成"垃圾不随手乱扔，不随处乱放"的好习惯。

- 引导宝宝逐步了解垃圾分类的要求，即分为干垃圾、湿垃圾、有害垃圾和可回收垃圾四大类。可以与宝宝一起学念"垃圾分类歌"。

- 对不同年龄的宝宝可以提出不同的要求：小年龄宝宝做到不随地乱扔垃圾，学会对垃圾作干湿分类；大年龄宝宝可以参与家庭物品整理劳动，并能对垃圾进行分类投放。

- 家长可以和宝宝一起开展"变废为宝"的创意活动，如将一些饮料罐制作成小花瓶，用一些小棒、小花布制作别致的相框等。

- 有条件的话，父母还可以带宝宝参观当地的"生活废弃物处理中心"，感受垃圾分类的必要性。

此处可以贴上宝宝的活动照片，爸爸妈妈还可以与宝宝看着照片讲故事。

成长记录

时　　间: 宝宝第一次进行垃圾分类是在＿＿年＿＿月＿＿日，
星期＿＿．宝宝＿＿岁＿＿月．

陪 伴 者: ＿＿＿＿＿．

自我评价: 请宝宝根据开心程度涂色，满分是五颗星。

☆ ☆ ☆ ☆ ☆

相关链接：

1. 可以和宝宝一起上网搜索垃圾分类的具体操作标准。
2. 和宝宝一起阅读图画书《蚯蚓的日记》(明天出版社)和《扔或不扔》(文化发展出版社)。

31 参加 募捐活动

成长事件　　宝宝将自己的压岁钱、图书、玩具、衣物等送给需要帮助的同龄人。大年龄宝宝还可以参加社区组织的募捐、义卖活动。

专家分析

募捐是公益活动的一种形式，包括募集善款或物品。参加各种形式的募捐活动，可以从小培养宝宝的同情心和爱心。

参加幼儿园、社区、社会的各种慈善公益活动（募捐、义卖），可以助推宝宝从关心自己走向关心他人、关心社会，学会助人为乐，产生初步的社会道德感和责任感。

参加募捐活动还能激发宝宝珍惜物品、珍惜美好生活的积极情感。

温馨提示

- 家长可以在每年的"募捐日"，鼓励宝宝捐出自己的压岁钱，为需要帮助的人献出自己的一份爱心。
- 家长与宝宝一起观看大型的公益电视节目，直观感受受捐者的感恩之情，理解"人人献出一份爱心"的含义。
- 家长和宝宝一起制作"募捐箱"，定期将一些零花钱及清洁干净的玩具、图书等放入"募捐箱"。
- 家长应该与宝宝商量捐款的数量，让宝宝明白重在参与。家长要以身作则，带头参加捐款活动。
- 家长可以带着宝宝参观当地的儿童福利院，激发宝宝对残疾儿童的同情心。

此处可以贴上宝宝的活动照片，爸爸妈妈还可以与宝宝看着照片讲故事。

成 长 记 录

时　　间：宝宝第一次参加募捐活动是在＿＿年＿＿月＿＿日，
　　　　　星期＿＿，宝宝＿＿岁＿＿月。

募捐内容：＿＿＿＿＿＿＿＿。陪 伴 者：＿＿＿＿＿。

自我评价：请宝宝根据开心程度涂色，满分是五颗星。

相关链接：

1. 可以和宝宝一起阅读图书《小猪佩奇·义卖活动》（安徽少年儿童出版社）。
2. 可以登录中国红十字基金会官网，完成一次捐助。

记录天气变化

成长事件　　宝宝每天按时收看、收听电视或电台里的天气预报，然后在一张纸质表格上，用画笔记录每天的天气。一周或者一个月以后，说说天气变化的情况。

专家分析

每天坚持观察、记录天气的好习惯，有助于培养宝宝做事持之以恒的态度。

在收听、收看天气预报的过程中，宝宝可以了解各种天气现象、气温变化、空气质量等信息，激发观察大自然变化的兴趣。

用特定的"天气符号"来记录每天的天气，能使宝宝学会混合使用简单的符号、数字、图画等进行记录，提高认知和表达能力。

有助于培育宝宝生活自理、自我保护的意识和能力。

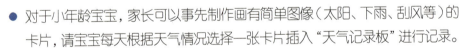

温馨提示

- 对于小年龄宝宝，家长可以事先制作画有简单图像（太阳、下雨、刮风等）的卡片，请宝宝每天根据天气情况选择一张卡片插入"天气记录板"进行记录。
- 对于大年龄宝宝，家长可以制作一张"X月天气记录表"，让宝宝记录每天的天气情况，了解一个月中的天气状况，并进行简单的测量、统计和分析。
- 让宝宝了解，看电视、听广播、查阅手机，都能知晓天气变化。
- 家长和宝宝可以轮流扮演天气预报员，逐步引导宝宝清楚、连贯、完整地播报天气预报。
- 如果有外出活动，家长可以请大年龄宝宝事先查阅最近几日的天气预报，然后做相应的准备。
- 遇到宝宝身体、情绪欠佳的时候，家长可以自己充当天气记录员，以保持记录的连贯性。

此处可以贴上宝宝的活动照片，爸爸妈妈还可以与宝宝看着照片讲故事。

成长记录

时　　间：宝宝第一次记录天气发生在＿＿年＿＿月＿＿日，
是＿＿季，记录持续了＿＿天，宝宝＿＿岁。

陪 伴 者：＿＿＿＿。

自我评价：请宝宝根据开心程度涂色，满分是五颗星。

相关链接：

1. 可以和宝宝一起阅读图画书《小熊布鲁诺的春天》《小熊布鲁诺的夏天》《小熊布鲁诺的秋天》《小熊布鲁诺的冬天》（少年儿童出版社）。

2. 天气预报查询电话为 12121。

去剧场

33

成长事件 父母带着宝宝一起去剧场，观赏木偶剧、童话剧、歌舞、曲艺，享受艺术的美好。

专家分析

到剧场观赏剧目，可以让宝宝真切地感受到与电视节目不同的现场感，欣赏人物表演的鲜活，产生对艺术表演的兴趣。

到剧场观赏各种表演，还可以让宝宝从小懂得在剧场看表演时应该保持安静，不能随意讲话和走动。学做文明小观众，学会适时鼓掌，才是尊重演员的表现。

定期去剧场，能够让宝宝从中感受到生活的美好，体验与家人一起欣赏表演的愉悦。

温馨提示

- 家长可以带着宝宝提前进场，了解剧场的整体环境，欣赏剧场的建筑特点，并可以拍照留念。

- 可以指导大年龄宝宝阅读演出票和节目单，了解表演信息，并在剧场里找到自己的座位。

- 在观赏节目的过程中，家长要以身作则，做文明观众，将手机关闭或者调成静音。还要提醒宝宝保持安静，言行不影响他人；不吃零食，尽量不喝饮料；准备好垃圾袋，不随地乱扔垃圾。

- 中场休息时，可以带宝宝上洗手间。观赏结束后，家长和宝宝不要在人多拥挤的时候退场，要注意安全。小年龄宝宝不一定全程观赏，可以在中场休息时离场。

- 观赏节目后，家长可以与宝宝聊聊"剧场里的那些事"，引导宝宝大胆表达自己的想法，如对剧场建筑、节目内容、文明礼仪等的感受。

此处可以贴上宝宝的活动照片，爸爸妈妈还可以与宝宝看着照片讲故事。

成 长 记 录

时　　间：宝宝第一次去剧场是在＿＿年＿＿月＿＿日，星期＿＿．
　　　　　宝宝＿＿岁．

观赏剧目：＿＿＿＿＿＿＿＿．陪 伴 者：＿＿＿＿．

自我评价：请宝宝根据开心程度涂色，满分是五颗星．

相关链接：

可以带宝宝去各种剧场，如大剧院、音乐厅等；还可以去专门演出儿童剧目的剧场。

户外露营

34

在适宜的时节，父母携带帐篷和必需品，与宝宝一起在户外扎营，一起看夜空、赏月亮、数星星。

户外露营可以增加宝宝接触大自然的直接体验，满足宝宝在户外尽情玩耍的天性，产生对自然世界的好奇心与主动探索的兴趣。

户外露营的策划、准备、实施，能增强宝宝与家人的亲密情感，提高宝宝的沟通能力、合作能力、动手能力及解决问题的能力。

露营能挑战宝宝的胆量，引导宝宝不怕黑、不胆怯，勇敢自信。

专 家 分 析

温 馨 提 示

- 安全第一。家长要与宝宝一起做好充分的准备，选择适宜地点，准备食品和露营必备用品，如简易帐篷、睡袋、背包、防潮垫、电筒、驱蚊剂等。

- 可以约上亲朋好友带上宝宝一起户外露营，不仅增添活动的情趣，更重要的是鼓励宝宝在户外活动中学习主动与小伙伴交往。

- 户外露营活动比较适合 4—6 岁的宝宝，小年龄宝宝适宜白天在户外野餐，晒日光浴。

- 夜晚，家长可以与宝宝一起仰望星空，在数星星的过程中感受宇宙的浩瀚，与宝宝一起参与篝火晚会，也可以与宝宝讲故事、聊天。

- 户外露营还适合与以下活动结合，如远足、钓鱼、放风筝、野餐、烧烤等。夏季和秋季比较适宜户外露营。

此处可以贴上宝宝的活动照片，爸爸妈妈还可以与宝宝看着照片讲故事。

成长记录

时　　间：宝宝第一次参加户外露营是____年____月____日，
　　　　　星期____。宝宝____岁。

地　　点：_____。陪伴者：_____。

自我评价：请宝宝根据开心程度涂色，满分是五颗星。

相关链接：

1. 和宝宝一起观看动画片《小猪佩奇》第 97 集《学校露营》。
2. 可以给宝宝报名参加当地少年宫举办的暑期夏令营活动。

自己睡觉

35

成长事件　每当夜幕降临，宝宝由父母陪伴着入睡。逐渐地，宝宝能独自入睡，并由与父母同房睡觉过渡到分房睡觉。

让宝宝独自入睡，有助于培养宝宝的独立性，养成自己的事情自己做的好习惯。

能培育宝宝勇敢、自信的良好品质。

有助于宝宝自我意识的形成，让他感受到自己的成长。

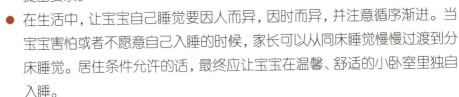

温馨提示

- 通过亲子阅读《等一等再睡觉》《该睡觉了，小熊奥菲》等图画书，让宝宝逐渐萌发独自入睡的意愿，然后家长顺势而为，提出要求。

- 在生活中，让宝宝自己睡觉要因人而异，因时而异，并注意循序渐进。当宝宝害怕或者不愿意自己入睡的时候，家长可以从同床睡觉慢慢过渡到分床睡觉。居住条件允许的话，最终应让宝宝在温馨、舒适的小卧室里独自入睡。

- 当宝宝学着自己睡觉时，父母可以在房间里开一个小夜灯，方便宝宝半夜醒来上厕所；允许宝宝抱着心爱的玩具入睡；也可以播放摇篮曲和录音故事，让宝宝在倾听音乐或故事的过程中安静入睡。

- 好习惯的养成需要持之以恒，但遇到宝宝身体欠佳或情绪低落时，家长可以陪伴宝宝入睡。家长要让宝宝懂得：自己睡觉不等于父母不爱他。

此处可以贴上宝宝的活动照片,爸爸妈妈还可以与宝宝看着照片讲故事。

成长记录

时　　间:宝宝第一次独立入睡,发生在＿＿＿年＿＿＿月＿＿＿日,星期＿＿＿.宝宝＿＿＿岁.

自我评价:请宝宝根据开心程度涂色,满分是五颗星.

相关链接:

可以和宝宝一起阅读图画书《我不想一个人睡》(现代教育出版社)。

买一瓶水

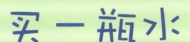

成长事件　在成人的陪伴下，大年龄宝宝学着自己在超市里购买矿泉水、饮料，或者在马路边、商场里的自动售货机上投币购物。

专家分析

购物过程中，宝宝可以认读钱币，学习简单的加减运算，感受生活中数学的有用和有趣。

购物有助于提高宝宝的生活自理能力、解决问题的能力。

体验自动售货机这一现代化的设备，能锻炼动手操作能力。

了解"金钱"的概念，懂得不乱花钱，逐渐养成正确的消费观。

温馨提示

- 从"买一瓶水"开始，鼓励宝宝与售货员、售货机互动。随着宝宝购物经验逐渐丰富，父母可以让宝宝独自购买一些物品。
- 如果宝宝什么都想买，家长应该引导宝宝明白"想要"和"需要"的区别，懂得在购物时应该优先购买必需品。
- 可以让6岁左右的宝宝用自己的压岁钱或者零花钱购物。
- 外出购物，家长可以向宝宝说明购物的步骤和操作的方式。
- 注意购物过程中的安全，包括防骗、防走失、防上下楼梯摔跤等。一开始可以去一些小商店购物，宝宝积累一些经验后，逐渐过渡至到大商场购物，从中培养宝宝的自我保护意识。

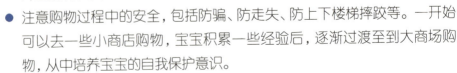

此处可以贴上宝宝的活动照片，爸爸妈妈还可以与宝宝看着照片讲故事。

成 长 记 录

时　　间：宝宝第一次独立购物是在＿＿＿年＿＿＿月＿＿＿日，星期＿＿＿.
宝宝＿＿＿岁.

购物内容：＿＿＿＿＿＿＿＿，**陪 伴 者**：＿＿＿＿＿.

自我评价：请宝宝根据开心程度涂色，满分是五颗星.

相关链接：

可以和宝宝一起阅读图画书《第一次上街买东西》（新星出版社）。

看大人修理

37

成长事件　　宝宝在一旁看大人修理椅子、童车，给遥控器更换电池，或者看大人修拉链、钉纽扣等，偶尔还能给大人做个小帮手呢。

专家分析

看大人修理物品可以让宝宝感受家长的本领，产生敬佩之情。

可以从小培养宝宝的节约意识和环保意识。

激发宝宝做"小帮手"的愿望，体验动手劳作的乐趣。

温馨提示

- 家长在修理物品、缝补衣物的时候，可以询问宝宝"愿意和我一起来修小椅子吗""请你帮我拿一下螺丝帽，好吗"等。请宝宝做小帮手，让宝宝在认识物品的同时，产生自己动手的愿望。
- 有的宝宝看着大人修理物品会产生自己也想动手修理的愿望，家长可以允许宝宝修理、拆分旧玩具或者一些日常用品。切忌责怪、禁止宝宝的行为，恰恰相反，应该创造条件，满足、支持宝宝的探索行为。
- 家长可以给宝宝买一套儿童专用的工具箱，在成人的陪伴下，让宝宝敲敲打打，拼拼插插，使用小锤子、小钳子、小扳手、小锯子等进行手工制作活动。

此处可以贴上宝宝的活动照片，爸爸妈妈还可以与宝宝看着照片讲故事。

成长记录

时　　间：宝宝第一次做修补物品的小助手，是在＿＿年＿＿月＿＿日，
　　　　　星期＿＿．宝宝＿＿岁．

修补物品：＿＿＿＿＿＿＿＿．陪伴者：＿＿＿＿＿．

自我评价：请宝宝根据开心程度涂色，满分是五颗星．

☆ ☆ ☆ ☆ ☆

相关链接：

可以和宝宝一起阅读图画书《爷爷一定有办法》（明天出版社）。

做一次点心

成长事件　宝宝和父母一起动手制作点心，如蛋挞、蛋糕、月饼、饼干……当香喷喷、造型可爱的小点心出现在宝宝的面前，他们会惊喜、自豪，食欲大增。

专家分析

"做一次点心"能让宝宝体验劳作的乐趣和成就感。

能提高宝宝的动手能力，进一步激起宝宝自主探索的愿望。

能培养宝宝做事有计划、有条理、有始有终的态度。

宝宝能认识各种点心制作材料，了解各种材料在点心制作中的用途，丰富认知经验。

温馨提示

- 带宝宝去居住地附近的面包坊、点心铺，让宝宝现场观看点心（如小笼包、油条、蛋糕等）的制作过程。
- 家长可以购买制作点心的书籍，与宝宝一起阅读，认识中式点心和西式点心，再一起购买食材，动手制作，亲子共同完成一款点心。
- 点心制作可以由易到难，由简单到复杂。可以从和宝宝一起包汤圆、包饺子开始。
- 当宝宝制作完点心后，可以让宝宝邀请自己的好朋友一起来分享，也可以作为馈赠的礼物送给亲朋好友。

此处可以贴上宝宝的活动照片，爸爸妈妈还可以与宝宝看着照片讲故事。

成长记录

时　　间：宝宝第一次参与制作点心是在＿＿＿年＿＿＿月＿＿＿日，
星期＿＿＿，宝宝＿＿＿岁。

制作内容：＿＿＿＿＿＿＿＿，陪伴者：＿＿＿＿＿＿。

自我评价：请宝宝根据开心程度涂色，满分是五颗星。

相关链接：

可以和宝宝一起阅读图画书《小饼干的大道理》(少年儿童出版社)。

玩纸牌游戏

39

成长事件　闲暇时分，宝宝与父母一起围坐在地毯上、桌子边，玩各种牌类游戏，一家人其乐融融。

专家分析

　　玩牌类游戏可以有效开发宝宝的智力，让宝宝学会阅读，认识颜色，认读数字，理解画面，更能锻炼宝宝的计算能力、记忆能力、推理能力及初步的逻辑思维能力。

　　玩牌类游戏有助于增强宝宝的规则意识，提高抗挫能力。

　　与父母一起打牌，还能满足宝宝与父母之间亲子依恋的需要。

温馨提示

- 家长应根据宝宝的年龄玩不同的牌类游戏。小年龄宝宝可以玩颜色归类、找数字、比大小等，稍大一点的宝宝可以玩找对子、数字接龙、找单（双）数等，再大一些的宝宝可以玩凑数等游戏。

- 玩牌类游戏应有规则。刚开始，家长可以让宝宝多体验获胜的喜悦，提高玩牌的兴趣。随着宝宝年龄递增，可以与宝宝一起商定打牌规则，并共同遵守游戏规则。

- 鼓励宝宝邀请哥哥姐姐、同龄伙伴一起玩牌类游戏，在游戏中提高宝宝的人际交往能力。

- 利用广告纸、旧图书等材料，与宝宝一起设计、制作"交通牌""动物牌""花卉牌""食物牌"等。在制作过程中，拓展宝宝的认知经验，发展宝宝画、剪、撕、贴等精细动作。

此处可以贴上宝宝的活动照片，爸爸妈妈还可以与宝宝看着照片讲故事。

成长记录

时　　间：宝宝第一次玩纸牌游戏是在＿＿＿年＿＿＿月＿＿＿日，
　　　　　星期＿＿＿，宝宝＿＿＿岁。

玩牌内容：＿＿＿＿＿＿＿＿，陪伴者：＿＿＿＿＿＿。

自我评价：请宝宝根据开心程度涂色，满分是五颗星。

相关链接：

可以和宝宝一起上网搜索运用纸牌作道具的魔术，试着自己变魔术。

40 陪爷爷奶奶逛街

成长事件　宝宝和父母一起去探望爷爷奶奶（外公外婆），陪着他们在小区里、街边、公园里散步。宝宝可以与他们聊聊街景变化、生活中的新鲜事，还可以帮老人购买他们喜欢的食品和用品。

专家分析

陪伴家中老人逛街，有助于培养宝宝的尊老之心，养成尊老的习惯，增进宝宝与老人之间的情感。

可以让宝宝感受到长大了的成就感，培育同理心、责任感，学会感恩和关心老人。

搀扶家中老人出门逛街，协助父母为老人推轮椅，还有助于增强宝宝的体力。

温馨提示

- 父母应该以身作则，平时尊敬老人、关心老人，做宝宝的好榜样。
- 如果家中老人不与宝宝同住，父母可以定期带着宝宝去探望老人，让"定期探望老人，陪伴老人逛街"成为家庭生活的一部分。
- 如果家中老人与宝宝同住，父母可以引导宝宝在天气适宜的时候，搀扶老人（或推着老人的轮椅车）去户外散步、逛街。
- 外出时，要注意安全，尽量不去人多的地方，过马路要看信号灯，并注意行驶的车辆。外出时间以一小时为宜。
- 提醒大年龄宝宝准备与携带老人外出逛街需要的一些物品，如水杯、毛巾、餐巾纸等。

此处可以贴上宝宝的活动照片，爸爸妈妈还可以与宝宝看着照片讲故事。

成长记录

时　　间：宝宝第一次陪伴家中老人逛街是在＿＿＿年＿＿＿月＿＿＿日，星期＿＿＿，宝宝＿＿＿岁。

地　　点：＿＿＿＿＿＿＿＿＿，陪伴者：＿＿＿＿＿。

自我评价：请宝宝根据开心程度涂色，满分是五颗星。

相关链接：

可以和宝宝一起阅读图画书《好想马上见到你》（明天出版社）和《很小和很老》（二十一世纪出版社）。

41 和爷爷一起看地图

成长事件　闲暇时刻，宝宝与爷爷（外公）一起看城市地图、中国地图、世界地图……发现许多有趣的地方和神奇的秘密。

专家分析

看地图能让宝宝知道自己的家与城市的关系、与国家的关系、与地球的关系，发展空间知觉和空间思维能力。

在看地图、讲故事的过程中，丰富宝宝的知识，开阔眼界，并增强探索的乐趣。

与爷爷（外公）一起看地图，可以让宝宝感受老人丰富的阅历，对祖辈产生尊敬之情和爱戴之心。

地图是人类描述世界的方式之一。在围绕地图查询、寻找、发现、交谈的过程中，可以潜移默化地培育宝宝爱家乡、爱祖国、爱人类世界的美好情感。

温馨提示

- 地图要简洁、明了，适合宝宝查阅。
- 可以在地图上标出自己家和爷爷奶奶的家（或外公外婆的家）、所生活的城市与国家，以及宝宝旅游过的地方，如贴上粘纸、画上记号等，便于宝宝记忆和查询，也增加趣味性。
- 有条件的家庭，可以把地图贴在墙上，便于宝宝查询新闻事件的发生地、父母出差的目的地，以及全家旅游的目的地等，建立地图与生活的联系。

- 与爷爷（外公）一起看地图时，鼓励宝宝为爷爷（外公）拿老花眼镜、放大镜等，学会照顾、关爱老人。
- 要一边看地图，一边讲故事、开展讨论，这样可以让看地图变得更加有趣。

此处可以贴上宝宝的活动照片，爸爸妈妈还可以与宝宝看着照片讲故事。

成长记录

时　　间：宝宝第一次和大人一起看地图是在＿＿＿年＿＿＿月＿＿＿日，
星期＿＿＿．宝宝＿＿＿岁．

看的地图：＿＿＿＿＿＿．陪 伴 者：＿＿＿＿＿＿．

自我评价：请宝宝根据开心程度涂色，满分是五颗星．

相关链接：

可以和宝宝一起阅读图画书《我们的地图旅行》（北京科学技术出版社）。

参观博物馆

成长事件 宝宝在父母的陪伴下参观博物馆（美术馆等），丰富又有趣的展览会让宝宝目不暇接。

参观博物馆（美术馆等）能激发宝宝的学习兴趣。观看展品，参与互动性的小游戏和小实验，能丰富宝宝的感知体验，激发他们了解周围世界的兴趣。

能增长宝宝的见识。聆听讲解员的解说，参加馆内的活动，了解各个领域的知识信息，能开阔宝宝的眼界。

为宝宝欣赏美提供了机会。置身于展馆内，一件件艺术作品、一个个展示区域，声音和光线的特别设计，能让宝宝获得美的熏陶。

帮助宝宝形成良好的生活方式。从小耳濡目染美好、有趣、有意义的事物，宝宝长大后自然会选择这样的生活方式。

宝宝和父母一起慢慢观赏展品，围绕展品进行对话，是融洽亲子关系、增进亲子感情的有效途径。

专家分析

温馨提示

- 出发前，先和宝宝一起了解博物馆的展示主题，计划参观的时间及重点。宝宝年龄小，注意力时间有限，每次参观时间不宜太长，一般在一小时左右。
- 参观要以宝宝为主，跟随宝宝的步伐慢慢来。可以把宝宝感兴趣的展品拍下来（拍照前要了解场馆内是否允许拍照），方便和宝宝一起回顾。
- 当宝宝提出的问题自己答不上时，不要随便应付宝宝，可以询问工作人员，或者回家后和宝宝一起收集资料，寻找答案。
- 宝宝初步体验展馆，父母可以选择儿童博物馆、自然博物馆、美术馆等。随着宝宝年龄的增长，可以根据宝宝的兴趣选择多样化的、专题性的博物

此处可以贴上宝宝的活动照片，爸爸妈妈还可以与宝宝看着照片讲故事。

成 长 记 录

时　　间：宝宝第一次参观博物馆是在＿＿＿年＿＿＿月＿＿＿日，
星期＿＿＿．宝宝＿＿＿岁．

场馆名称：＿＿＿＿＿＿＿＿．陪伴者：＿＿＿＿＿．

自我评价：请宝宝根据开心程度涂色，满分是五颗星。

馆、展览馆、纪念馆等。

● 宝宝两三岁时就可以参观博物馆了，让宝宝从小体验展馆的氛围，逐渐喜欢去博物馆。

相关链接：

可以和宝宝一起阅读图画书《你不能带黄气球进大都会博物馆》（接力出版社）和《我爱美术馆》（北京联合出版公司）。

去书店选书

成长事件　　在书店里，宝宝席地而坐翻阅有趣的图画书，或选买几本自己喜欢的书带回家。阅读真快乐！

专家分析

感受文化氛围。经常带宝宝去书店，各种各样的书，以及周围专注看书的人，能让宝宝充分感受浓浓的文化氛围。

激发宝宝对阅读的喜爱。在书店里，宝宝有充分的时间和机会与各种读物互动，在翻阅图书的过程中，书中生动的形象、有趣的构图、鲜艳的色彩，能给予宝宝美的体验，让宝宝爱上阅读。

让宝宝学会选择。琳琅满目的书让宝宝爱不释手，父母应逐渐放手，让宝宝根据自己的喜好选择图书，从而慢慢学会选择。

逛书店有助于建立亲密的亲子感情。宝宝与家长一起讨论选择哪本图书，他能感受到父母对自己的尊重和理解。

温馨提示

- 去书店之前，父母可以和宝宝一起讨论：家里有什么书？还想买什么书？准备买几本？在此基础上，制订一些必要的规则，让宝宝学习有计划地购书。同时，还要告诉宝宝在书店里需要遵守的一些基本礼仪。
- 去一家新书店时，父母先带着宝宝浏览一下书店的大致格局，再找到适合宝宝阅读的分类区域。
- 书店里，父母要带头轻声说话，小心翻阅书籍，并轻声提醒宝宝遵守书店礼仪。
- 父母要带着平和的心态陪伴宝宝选书。告诫自己只是宝宝的协助者，不要代替宝宝选择。当宝宝面对众多的书籍难以选择时，家长可以先选择一些书，然后让宝宝从中进行二次选择。

此处可以贴上宝宝的活动照片，爸爸妈妈还可以与宝宝看着照片讲故事。

成长记录

时　　间：宝宝第一次逛书店是在＿＿＿年＿＿＿月＿＿＿日，星期＿＿＿．宝宝＿＿＿岁。

选购的书：＿＿＿＿＿＿＿＿＿．陪伴者：＿＿＿＿＿．

自我评价：请宝宝根据开心程度涂色，满分是五颗星。

☆☆☆☆☆

● 宝宝养成爱惜图书的习惯后，家长还可以带着宝宝去图书馆借阅图书。

相关链接：

1. 可以和宝宝一起阅读《有呀有呀书店》（中信出版社）。
2. 除新华书店外，还可以带宝宝去一些有特色的书店选购图书。

观看升旗仪式

44

成长事件　宝宝手拿小国旗，和父母一起等待升旗仪式的开始。当耳边响起雄壮的国歌声，看着五星红旗冉冉升起，对宝宝来说，这是一次多么难忘的经历啊！

专家分析

从小培育宝宝的爱国主义情感。宝宝和父母一起观看庄严的升旗仪式，唱起国歌，看五星红旗高高飘扬，能激发宝宝的爱国情感，让宝宝在潜移默化中接受爱国主义教育。

丰富宝宝的审美体验。看到国旗护卫队穿着军装，迈着整齐的步伐精神抖擞地走来；听到雄壮的国歌声响起，看着五星红旗冉冉升起。充满仪式感的升旗仪式，会让宝宝获得别样的审美体验。

能让宝宝了解并学习文明礼仪。无论是现场观礼，还是观看视频，都能让宝宝感受到升旗仪式的庄严肃穆，自然而然就能模仿学习文明举止。

温馨提示

- 在观看升旗仪式前，父母可以先为宝宝做一些必要的经验准备：聆听或学唱国歌，让宝宝感受国歌蕴含的精神力量；当国际赛事中升起中国国旗时，父母要提醒宝宝停止活动，保持安静，告诉宝宝这是一种尊敬国旗的礼仪。
- 在条件允许的情况下，父母可以带宝宝到北京天安门广场，或在国庆节当日到城市的广场观看升旗仪式，现场的环境氛围，更能激发宝宝的爱国情感。如果无法现场观礼，可以通过观看视频了解升旗仪式的全过程。
- 观看后，父母可以和宝宝聊聊感受，还可以通过故事、新闻、电影等让宝宝了解中华人民共和国的历史，加深宝宝的爱国情感。

此处可以贴上宝宝的活动照片，爸爸妈妈还可以与宝宝看着照片讲故事。

成长记录

时　　间：宝宝第一次观看升旗仪式是在＿＿＿年＿＿＿月＿＿＿日，
星期＿＿＿，宝宝＿＿＿岁。

观礼场地：＿＿＿＿＿＿＿＿。陪 伴 者：＿＿＿＿＿。

自我评价：请宝宝根据开心程度涂色，满分是五颗星。

相关链接：

可以和宝宝一起阅读"和平鸽绘本系列"（解放军文艺出版社）。

自己叠衣服

45

成长事件　宝宝凡事都喜欢说"我自己来"。鼓励宝宝学习自己叠袜子、叠衣服、叠被子，自己的事情自己做。

培养宝宝的独立性。学习自己的事情自己做，从不会到会，这一过程能让宝宝感受到自己的力量，变得更加独立。

提高宝宝的自理能力。在观察学习、模仿练习的过程中，宝宝的自理能力能获得提高。

增强宝宝的责任意识。宝宝每天自己穿脱衣服，自己折叠衣服，这能进一步强化"自己能做的事情自己做"的责任意识。

能让宝宝学着分担家务。在学习折叠衣服的过程中，宝宝体验到自己的事情自己做的胜任感，这种愉悦的体验会激发宝宝更多地参与家务劳动，为父母分担力所能及的家务。

专家分析

温馨提示

- 为宝宝准备一个固定放置衣物的储物柜或收纳箱，让宝宝感受到这是自己的"小天地"，能激发他学习折叠衣物的愿望。
- 学习折叠衣物，可以从易到难：先学习叠袜子，再学习叠衣服；先学习叠套衫，再学习叠开衫；先学习叠毯子，再学习叠被子。
- 折叠衣服对宝宝来说有一定难度，学习折叠的过程会有些枯燥，家长可以用儿歌"左手抱一抱，右手抱一抱；先来点点头，再来弯弯腰"，帮助宝宝记住折叠的要领。当宝宝完成任务后，家长用拥抱或语言鼓励宝宝。
- 父母平时也要做到衣物不乱扔，物品摆放整齐，做好表率。
- 父母和祖辈要做好沟通，保持家庭教育的一致性，给予宝宝更多的锻炼机会。

此处可以贴上宝宝的活动照片，爸爸妈妈还可以与宝宝看着照片讲故事。

成长记录

时　　间：宝宝第一次叠衣服是在＿＿＿年＿＿＿月＿＿＿日，星期＿＿＿。
　　　　　宝宝＿＿＿岁。

陪 伴 者：＿＿＿＿＿。

自我评价：请宝宝根据开心程度涂色，满分是五颗星。

相关链接：

可以和宝宝一起阅读图画书《小熊宝宝绘本·收起来》（连环画出版社）。

46 收集宝贝

宝宝特别喜欢收集那些看似不起眼的小东西，树叶、贝壳、石头、瓶盖、钥匙圈、徽章、橡皮、卡片、盒子……这些都是宝宝的宝贝。

专家分析

收集喜欢的物品能激发宝宝对生活的热爱。为了收集，宝宝会更主动地关注周围的一草一木、一物一景，对周围世界充满好奇。

让宝宝体验积少成多的乐趣。从一辆玩具汽车、一颗玻璃弹珠或者一块形状特别的石头开始收集，随着收集的物品越来越多，宝宝能体验从无到有、从少到多的收集的乐趣。

培养宝宝的坚持性。有目的、长时间地收集自己喜欢的物品并非易事，需要坚持数月甚至数年，这对培养宝宝坚持完成一件事大有益处。

提高宝宝的观察兴趣和观察能力。宝宝喜欢把玩自己收集的物品，在这个过程中，他们会对这些物品筛选取舍、分类整理，这有助于促进宝宝观察能力的发展。

温馨提示

- 确保收集来的物品安全无害。应对树叶、树枝、石子等做好清洁，检查物品是否有尖锐的边缘。避免让宝宝一个人把玩玻璃珠、纽扣等过小的物品。
- 家长可以参与宝宝的收集活动，如和宝宝一起集邮，去公园捡落叶，去海边拾贝壳等。这不仅能呵护宝宝的收集热情，而且能融洽亲子感情。

此处可以贴上宝宝的活动照片，爸爸妈妈还可以与宝宝看着照片讲故事。

成长记录

时　　间：宝宝整理收集来的_____（物品），
　　　　　发生在____年____月____日，星期____。宝宝____岁。

陪 伴 者：_____。

自我评价：请宝宝根据开心程度涂色，满分是五颗星。

☆☆☆☆☆

- 可以在家里设置几个贴有标签的小纸箱，鼓励宝宝在日常生活中随手收集身边可再利用的废旧材料，分类存放在纸箱里。定期利用废旧材料进行小制作，培养宝宝的环保意识。
- 引导宝宝将收集来的物品玩出花样。比如，可以在清洁过的树叶上作画，玩树叶拼图，根据大小、颜色、形状等分类摆放树叶，寻找不同树叶对应的树木，制作一本专属的树叶标本册等。
- 可以带宝宝参观各种收藏品展览，激发宝宝持续收集的兴趣。

相关链接：

可以和宝宝一起阅读图书《植物也可以这么玩》（山东文艺出版社）。

47 看新闻

成长事件　《新闻联播》开始了，大家放下手里的活儿，围坐在电视机前，全家人边看新闻边讨论，其乐融融。

引发宝宝关注周围生活的兴趣。新闻有着即时快捷的特点，城市变化、生活事件等通过新闻直观形象的画面和简洁明了的语言传递给大家，容易引发宝宝对周围生活的关注。

拓展宝宝的视野。通过观看新闻，了解发生在各地的自然景观、科学发明、奇闻趣事、天灾人祸等，极大地丰富了宝宝的经验，开阔了宝宝的视野。

养成宝宝主动了解周围世界的习惯。坚持每天收看新闻，从小小的屏幕中了解大大的世界，从父母带着宝宝一起看，到宝宝自发主动地要求收看，每天看新闻会成为宝宝了解周围世界的必修课。

提高宝宝对语词的敏感性。播报新闻使用的语言规范正确，播音员字正腔圆，便于宝宝倾听理解，模仿表达。

专家分析

温馨提示

- 小年龄宝宝可以用听新闻代替看新闻。3—4岁宝宝看新闻不超过15分钟，4—5岁宝宝看新闻不超过20分钟，5—6岁宝宝看新闻不超过30分钟。宝宝应距离电视机3米远。
- 可以从看儿童新闻开始，逐步过渡到看成人新闻。4岁前的宝宝理解新闻内容有难度，要顺应宝宝的特点，每天看新闻的时间不必强求一定是几分钟。

此处可以贴上宝宝的活动照片，爸爸妈妈还可以与宝宝看着照片讲故事。

成长记录

时　　间：宝宝主动开始讨论新闻是在＿＿年＿＿月＿＿日，星期＿＿，宝宝＿＿岁。

讨论话题：＿＿＿＿＿＿，陪 伴 者：＿＿＿＿。

自我评价：请宝宝根据开心程度涂色，满分是五颗星。

☆ ☆ ☆ ☆ ☆

- 家长应全程陪同宝宝看新闻。家长可以用通俗易懂的语言给宝宝讲解，帮助他理解新闻内容；还可以问一些简单的问题，和宝宝一起讨论。
- 随着宝宝年龄的增长，可以适当联系新闻事件拓展宝宝的知识。比如，新闻中涉及战争、外交等事件时，家长可以介绍国家的名称，或者在地图上找一找这个国家的地理位置等。

相关链接：

可以和宝宝一起阅读图书《那些重要的事》（中国大百科全书出版社）。

种植

松土、挖洞、播种、浇水、施肥、修剪……等待种子生根发芽、破土而出、开花结果的过程，让宝宝期待又快乐。

种植能帮助宝宝了解植物生长的全过程。通过种植和观察，宝宝知道植物是有生命的。一些植物的生长速度快，宝宝能直观地了解植物生长的全过程。

激发宝宝对大自然的热爱。宝宝看着植物在自己的呵护下渐渐长大，会从对一株植物的喜爱，迁移到对大自然的热爱。

满足宝宝好奇好问的天性。宝宝在种植的过程中会产生一些问题，比如种子是怎么发芽的？植物喜欢天天喝水吗？花草都喜欢晒太阳吗？叶子为什么会枯萎……种植能激发宝宝好奇、乐于探索的精神。

锻炼宝宝的劳动技能。照料植物需要给植物浇水、松土、修剪枝叶，需要使用耙子、喷壶、剪刀等工具，能提高宝宝们的劳动技能。

培养宝宝的耐心、坚持性和责任心。植物生长需要一段时间，照料的过程会遇到一些难题，这对宝宝的耐心、坚持性和责任心都是一种考验。

专家分析

温馨提示

- 宝宝初步尝试种植时，可选择紫茉莉、蔬菜等生长周期短、变化明显的植物。随着宝宝年龄的增长，还可全家参与社区的树木养护认领活动。
- 家长可将绿豆、黄豆等放在透明容器里，方便宝宝观察种子发芽和根须生长的情况；也可将同样的种子分别放在不同环境中，如将土豆分别土培、水培、沙培，或将土豆分别放在暗室和阳光下种植，进行观察比较。

此处可以贴上宝宝的活动照片，爸爸妈妈还可以与宝宝看着照片讲故事。

成 长 记 录

时　　间：宝宝第一次动手种植是在＿＿＿年＿＿＿月＿＿＿日，星期＿＿＿.
　　　　　宝宝＿＿＿岁.

种植的植物：＿＿＿＿＿＿＿＿. 陪 伴 者：＿＿＿＿＿＿.

自我评价：请宝宝根据开心程度涂色，满分是五颗星.

☆ ☆ ☆ ☆ ☆

- 鼓励宝宝用照片、绘画等自己喜欢的方式记录植物的生长变化。可根据植物生长变化的速度，每天或每周几次定期记录。父母还可以把宝宝对植物变化的感受写下来，用文字对应宝宝的记录，更方便回顾。
- 鼓励宝宝自己照料植物，家长可进行指导，但不要包办代替，以便让宝宝逐步掌握种植方法，获得更多的成功体验，培养责任感。
- 鼓励宝宝把家中自己种植的植物带到幼儿园，和同伴一起分享照料植物的经验。

相关链接：

可以和宝宝一起阅读图画书《它们是怎么长出来的》(二十一世纪出版社)、《咚嘟咕咚 》(少年儿童出版社)、《草莓 》(河北教育出版社)和《自然趣玩屋 》(上海教育出版社)。

49 自制"小乐器"

罐子包上厚厚的塑料纸就成了"小鼓",鞋盒添上几根橡皮筋就成了"五弦琴",塑料瓶里装上豌豆、大米就成了"沙球"。把废旧材料变成简单好玩的"小乐器"其实很简单。

在玩耍中培养宝宝对音乐的兴趣。跟着音乐节奏"演奏"自制的"小乐器",会让宝宝对音乐的兴趣日益增加。

为宝宝的想象创造提供了机会。盒子套上橡皮筋就成了"五弦琴",空盒子加上纸棒就成了"小鼓"……利用生活中的废旧材料,宝宝可以充分发挥想象,动动手,创造出独一无二的"小乐器"。

能发展宝宝的动手能力。在瓶子里装上豌豆,拧紧瓶盖,一个"沙球"完成了。把豌豆对准瓶口装进瓶子里,发展了宝宝的手眼协调能力;拧紧瓶盖,锻炼了宝宝的手部精细动作。制作"小乐器"的过程,能发展宝宝的动手能力。

提高宝宝的合作能力。宝宝和父母一起制作"小乐器",一起跟着音乐合奏,既融洽了亲子感情,也发展了合作能力。

专家分析

温馨提示

- 制作"小乐器"的过程要有父母的陪伴,注意安全。使用保鲜膜、塑料袋等材料时,要防止宝宝把这些材料蒙在头上、脸上,导致窒息;给宝宝使用的应是安全剪刀;装有沙子、米粒、石子的瓶子须用胶布密封严实。
- 随着宝宝年龄的增长,可逐步增加制作的参与度和难度。制作前,可以让宝宝看图片或把玩真正的乐器,然后根据材料,共同讨论、设计如何制作;

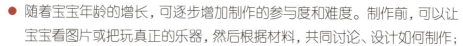

此处可以贴上宝宝的活动照片，爸爸妈妈还可以与宝宝看着照片讲故事。

成长记录

时　　间：宝宝第一次自己动手做做玩玩"小乐器"是
　　　　　在＿＿年＿＿月＿＿日，星期＿＿。宝宝＿＿岁。

陪 伴 者：＿＿＿＿＿＿。

自我评价：请宝宝根据开心程度涂色，满分是五颗星。

☆ ☆ ☆ ☆ ☆

制作过程中，父母逐步用语言指导替代自己动手做，鼓励宝宝自己动手实现创意。

● 除了制作"小乐器"，还可以直接把锅碗瓢盆和各种不同大小的杯子当作乐器，在敲击中感知声音的不同。

● 父母还可利用多媒体技术，让宝宝感受不同乐器的音质，体验运用多媒体技术演奏乐曲的乐趣。

相关链接：

1. 和宝宝一起阅读和欣赏图书《儿童古典音乐绘本》(北京科学技术出版社)。

2. 和宝宝一起观看巴拉圭"垃圾乐队"的演奏视频，那是一个由儿童组成的管弦乐团，演奏的乐器均由"垃圾"制成，但演奏出了天籁之声。

50 邀请朋友来做客

成长事件　向朋友发出邀请，为朋友的到来做好准备。与朋友分享玩具和食物，礼貌地迎接和送别朋友……和朋友一起度过愉快有趣的时光。

专家分析

邀请小伙伴来做客能发展宝宝的社会交往能力。向朋友发出邀请，和朋友相处时互相商量、互相妥协，这些经历有助于发展宝宝的交往能力。

学习基本的接待礼仪。用礼貌的语言邀请朋友，收到朋友的礼物表示感谢，让朋友感到宾至如归，这一切让宝宝有机会练习待人接物的礼仪。

提高宝宝的计划能力。邀请谁来做客，如何邀请，需要做哪些准备，当天的活动安排等，都需要事先计划。带着任务有目的地准备，有助于提高宝宝的计划能力。

温馨提示

- 邀请朋友来做客的过程中，父母可给予必要的引导和帮助，但不应包办代替。可以和宝宝一起商量，选择宝宝喜欢的方式，当面邀请、电话邀请或者制作邀请卡。
- 事先和宝宝一起设计一些小活动，如和客人一起拍照留念，轮流表演节目，做有趣的小游戏等，让朋友做客的过程变得更有意义。
- 应在小朋友来家前仔细检查每个房间，消除安全隐患。如收拾好小的、尖锐的、易碎的物品，桌椅不要靠窗台，插座套上保护套等，并在客厅留出足够的空间，方便宝宝们安全、自由地活动。

此处可以贴上宝宝的活动照片，爸爸妈妈还可以与宝宝看着照片讲故事。

成长记录

时　　间：宝宝第一次邀请朋友来做客是在＿＿＿年＿＿＿月＿＿＿日，
星期＿＿＿．宝宝＿＿＿岁．

客人姓名：＿＿＿＿＿＿＿＿＿．陪 伴 者：＿＿＿＿＿＿．

自我评价：请宝宝根据开心程度涂色，满分是五颗星．

☆ ☆ ☆ ☆ ☆

- 在宝宝们玩耍的过程中，家长不要过多干涉，尽可能让宝宝们按照自己的意愿玩个痛快。

- 事先和宝宝约定：接受朋友的礼物要表示感谢；活动结束前，可以请朋友帮忙把玩具放回原处；朋友走后，父母可以协助宝宝一起收拾整理。

- 和宝宝交流当天的表现：听宝宝讲述朋友之间发生的趣事或者不愉快的事情；分析宝宝的表现，进一步提高宝宝待人接物的能力。

相关链接：

和宝宝一起阅读图画书《火车那么长》《魔法妈妈》(上海教育出版社)、《你会和我做朋友吗》(河北少年儿童出版社)、《爱分享的小狸猫系列》(北京联合出版公司)。

布置和收拾餐桌

51

成长事件 用餐时间到了，宝宝和父母一起摆碗筷、端饭菜；吃完饭，一起收拾碗筷、擦桌子。学着父母的样子参与家务，宝宝的心里是满满的成就感。

专家分析

布置和收拾餐桌能提高宝宝的劳动能力。碗筷分得又快又正确，端菜时小心不打翻菜碗，餐后帮忙收拾桌子，在看似简单的劳动中，宝宝的能力得到锻炼，变得越来越能干。

让宝宝获得成功的体验。当家人对宝宝参与劳动表示感谢时，宝宝能从他人对自己的肯定中获得成功的体验。

培养宝宝的责任心。宝宝参与力所能及的家务劳动，获得父母的赞扬，能让宝宝有家庭归属感，体会到自己也是家庭的主人。

让宝宝初步体验分工合作的好处。父母在鼓励宝宝参与劳动的同时，可以根据宝宝的实际能力分工，如哥哥端菜，弟弟分碗筷，大人摆桌子，宝宝搬椅子，让宝宝体验分工合作带来的快乐。

温馨提示

- 3岁前的宝宝可以看父母做餐前准备，3岁以上的宝宝可以参与劳动。鼓励宝宝参与家务劳动，对宝宝参与劳动表示感谢，逐步养成宝宝爱劳动的好习惯。
- 宝宝刚开始没有经验，家长可以提出分工的建议，让宝宝从简单的任务开始。如果宝宝不小心打破碗碟，父母不要责怪，应该耐心地教宝宝正确的方法。
- 让宝宝参与劳动要注意安全。可以让宝宝端米饭，不应让宝宝端热菜和热汤；让宝宝端小碗，不宜让宝宝端大碗。宝宝帮忙拿筷子、叉子和分发筷子、叉子时，父母要在一边照看。宝宝不慎打碎碗碟时，父母要提醒宝宝

此处可以贴上宝宝的活动照片，爸爸妈妈还可以与宝宝看着照片讲故事。

成长记录

时　　间：宝宝第一次布置或收拾餐桌是在＿＿＿年＿＿＿月＿＿＿日，
　　　　　星期＿＿＿，宝宝＿＿＿岁。

陪 伴 者：＿＿＿＿＿＿。

自我评价：请宝宝根据开心程度涂色，满分是五颗星。

避让，并及时清理。

● 在宝宝参与布置餐桌的过程中，在宝宝感兴趣的情况下，父母可进行随机教育，如认识碗碟的大小和形状、碗筷的材质和数量、菜肴的名称、荤菜和蔬菜的种类等。

相关链接：

可以和宝宝一起阅读图画书《肚子里有个火车站》(北京科学技术出版社) 和《奇妙的下午茶》(少年儿童出版社)。

问路

52

成长事件 问路是生活中时常会遇到的事情，向谁问路？怎样称呼？如何表达？怎么感谢……学会问路的小技巧，是父母需要给宝宝上的"必修课"。

问路能帮助宝宝学会求助。经常鼓励宝宝主动问路，能让宝宝在潜移默化中克服胆怯心理，在遇到困难自己无法解决时，能适当求助他人。

提高宝宝的社会交往能力。问路时，要根据对方的年龄、性别选用合适的称谓，礼貌地和别人打招呼。通过多次锻炼，明白问路要讲究方法，用礼貌语言清楚地表达自己的需求，就能得到别人及时、准确的帮助。

提高宝宝的自我保护能力。帮助宝宝懂得走失或迷路时，要寻求警察、店员等可靠的人的帮助。掌握了问路方法，一旦走失，就能为宝宝尽快找到父母增加机会，也能让宝宝更好地保护自己。

专家分析

- 父母平时带宝宝出门需要问路时，可以鼓励宝宝上前询问，提醒宝宝使用礼貌用语，和人说话大方、自然、不退缩。
- 从宝宝记事起，就可以通过游戏的方式，让宝宝熟记家庭住址、父母姓名和电话号码、幼儿园的名称。让宝宝认识自己家周围的环境，包括自己家房子的特征、附近的标志性建筑物、小区名称以及门牌号码。如果宝宝走失，方便警察等人迅速找到父母。
- 告诉宝宝如果走失或迷路，一定要找可靠的人帮助，比如警察、地铁工作人员、公交车司机、游乐场工作人员等。
- 对于年龄稍大的宝宝，父母还可以让宝宝了解电子地图，学习运用信息技术，获得正确的路线提示。

温馨提示

此处可以贴上宝宝的活动照片，爸爸妈妈还可以与宝宝看着照片讲故事。

成长记录

时　　间：宝宝第一次问路是在＿＿年＿＿月＿＿日，星期＿＿。

宝宝＿＿岁。

陪 伴 者：＿＿＿＿。

自我评价：请宝宝根据开心程度涂色，满分是五颗星。

☆ ☆ ☆ ☆ ☆

● 告诉宝宝当别人向自己问路时，可以指路，但不要领陌生人前去，即使离家不远或很熟悉的地方也不要去，以免发生意外。

相关链接：

可以和宝宝一起阅读图画书《我会保护自己》（北京科学技术出版社）。

53 和爸爸一起看球赛

成长事件 　穿上喜欢的球队的队服，和爸爸一起到现场看球赛，感受比赛现场紧张热闹的氛围，为球队加油助威、欢呼喝彩，这是多么令人难忘的时刻。

专家分析

让宝宝感受运动竞赛的魅力。比赛现场啦啦队的声音此起彼伏，现场比分交错上升，热烈的现场场面、输赢的不确定性，都能让宝宝感受到浓浓的竞争氛围，体验运动竞赛的迷人之处。

有助于培养宝宝的运动兴趣。父亲对运动的热爱，能带动宝宝的情绪；和爸爸一起看球赛，有助于激发宝宝对运动的兴趣。

感受父子亲情。父母和宝宝的互动方式会因性别而有所不同。宝宝能从父亲身上更多地感受到力量、坚定。

温馨提示

- 家长应对比赛内容和场次有所选择，考虑比赛现场的嘈杂情况、对比赛内容和规则的了解度等，确保宝宝观赏到一场符合他们年龄特点的比赛。
- 进场前，可以指导大年龄的宝宝阅读球票，了解比赛信息，并根据球票在场馆内寻找自己的座位。
- 观赛中，家长要以身作则，做文明观众，不吃零食，不随地乱扔垃圾，提醒宝宝注意言行，不影响他人。观赛结束后，家长和宝宝要避开人多拥挤的时候退场，注意安全。
- 家长可根据比赛现场情况，丰富和拓展宝宝的相关知识。如介绍竞赛方式和比赛规则、球队的发展故事、世界各国的优势运动项目、优秀运动员的成长经历等。

此处可以贴上宝宝的活动照片，爸爸妈妈还可以与宝宝看着照片讲故事。

成长记录

时　　间：宝宝第一次去赛场观看球赛是在＿＿＿年＿＿＿月＿＿＿日，
星期＿＿＿.宝宝＿＿＿岁.

球赛场馆：＿＿＿＿＿＿＿＿.陪伴者：＿＿＿＿＿.

自我评价：请宝宝根据开心程度涂色，满分是五颗星.

☆ ☆ ☆ ☆ ☆

● 保持宝宝对运动的兴趣。看完球赛后，家长可购买宝宝喜欢的体育用
品，和宝宝一起运动，让宝宝逐步养成运动的习惯。

相关链接：

和宝宝一起收集并欣赏历届世界杯足球赛的主题歌。

123

54 了解爸爸妈妈的工作

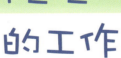

成长事件 听父母说说上班那些事儿，走走父母的上班路，看看父母的工作环境，分享父母的工作成果，让宝宝有机会了解父母的工作，体验父母工作的辛苦。

专家分析

了解父母的工作情况，能让宝宝真切地感受到父母工作的辛苦。

增进宝宝对父母的敬佩心，他会为父母所从事的工作感到自豪。

能让宝宝懂得关心和体谅父母。宝宝对父母的工作了解越多，越能体会到父母工作的不容易，这能激发宝宝学习自己的事情自己做、主动分担家务劳动的意识。

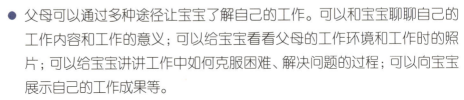

温馨提示

- 父母可以通过多种途径让宝宝了解自己的工作。可以和宝宝聊聊自己的工作内容和工作的意义；可以给宝宝看看父母的工作环境和工作时的照片；可以给宝宝讲讲工作中如何克服困难、解决问题的过程；可以向宝宝展示自己的工作成果等。

- 如果条件允许，可以带宝宝上班，让宝宝真实体验父母的工作。应事先做好计划，安排好自己当天的工作，以及宝宝在工作现场的活动。宝宝进入工作场所后，可以带宝宝参观环境，在确保安全的前提下让宝宝尝试使用工作器材。当父母有工作要离开一会儿时，要确保始终有人陪在宝宝身边。

- 回家后，可以和宝宝做简短的回顾。同宝宝聊聊和父母一起上班的感受，在体会父母工作辛苦的同时，也要让宝宝感受到父母对工作的热爱。

- 可以在家中给宝宝创造一些劳动机会，如倒垃圾、整理房间、取牛奶和报纸等，让宝宝体验自己的事情自己做，以及为大人分担家务的愉悦感。

此处可以贴上宝宝的活动照片，爸爸妈妈还可以与宝宝看着照片讲故事。

成长记录

时　　间：宝宝第一次参观父母的工作场所是在＿＿＿年＿＿＿月＿＿＿日，
　　　　　星期＿＿＿，宝宝＿＿＿岁。

陪 伴 者：＿＿＿＿＿＿。

自我评价：请宝宝根据开心程度涂色，满分是五颗星。

相关链接：

可以和宝宝一起阅读图画书《小小梦想家：我是小小医生》（云南教育出版社）和《完美
小职场》（少年儿童出版社）。

布置节日环境

55

成长事件　要过节了，父母和宝宝一起装扮家庭环境，把家布置得整洁美观，温馨祥和。

专家分析

让宝宝充分感受节日的意义。根据不同节日，布置相应的装饰，能让宝宝了解节日的相关知识，并在参与布置的过程中体验全家一起过节的温馨，体会到家庭归属感。

提高动手能力。和父母一起打扫房间、剪窗花、贴福字、折纸船、做香袋……宝宝的动手能力得到了提高。

激发宝宝的创意想象。在布置环境时，父母采纳宝宝的想法，让宝宝的创意变成环境的一部分，能鼓励宝宝萌发更丰富的想象和创造。

让宝宝获得成就感。在布置环境的过程中，宝宝可能会遇到各种困难，如气球挂不上去，窗花常常会剪断等。在求助家长，或自己动脑筋想办法解决问题的过程中，宝宝获得成功的喜悦，建立自信。

温馨提示

- 在布置环境前，和宝宝一起进行讨论和规划。如准备怎样布置环境，需要准备哪些材料，怎样收集材料等。父母可以给宝宝讲讲与节日相关的故事，介绍和节日相关的知识，如福字怎么贴，端午节为什么要划龙舟、包粽子等。倾听宝宝的建议，尽量符合宝宝的审美要求。讨论的过程既能增加亲子交流的机会，也能提高宝宝的审美能力和表达能力。

- 布置节日环境时，尽可能利用废旧物品和自然材料同宝宝一起制作，如自己写春联、剪窗花、做兔子灯、做香袋等。

此处可以贴上宝宝的活动照片，爸爸妈妈还可以与宝宝看着照片讲故事。

成长记录

时　　间：宝宝第一次布置节日环境是在＿＿＿年＿＿＿月＿＿＿日，
星期＿＿＿．宝宝＿＿＿岁．

陪 伴 者：＿＿＿＿＿＿．

自我评价：请宝宝根据开心程度涂色，满分是五颗星．

☆ ☆ ☆ ☆ ☆

- 注意安全。不能让宝宝独自登高挂物，边走边使用剪刀，也不要让宝宝在靠近窗台的区域进行装饰。
- 除了布置节日环境，在日常生活中还可拓展环境布置的内容，如根据季节变化布置环境；设置固定的创意角落；和宝宝散步或游玩时，捡拾一些有季节特征的自然物，体验四季轮换。

相关链接：

可以和宝宝一起阅读图画书《中国记忆·传统节日》（北京师范大学出版社）和《迟到的春节》（上海教育出版社）。

56 用压岁钱给自己买礼物

成长事件　　新年里，收到长辈给的压岁红包，宝宝自己做主，用自己的压岁钱给自己买一件心仪已久的礼物，可以让宝宝获得一份特别的快乐。

让宝宝自主支配使用压岁钱，能培养宝宝的独立性。把一部分压岁钱留给宝宝，让宝宝学习自己独立处理金钱。在计划使用压岁钱的过程中，能培养宝宝独立自主的能力。

让宝宝获得快乐的体验。无论宝宝是用压岁钱买自己喜欢的玩具，还是把压岁钱存起来，自己支配金钱能让宝宝感受到自己长大了，获得成长的快乐体验。

培养宝宝初步的计划能力。让宝宝自己管理压岁钱怎么用，用多少，如何合理分配，在这个过程中，宝宝的计划能力会得到发展。

把处理压岁钱的"权利"交给宝宝，能让宝宝感受到父母对自己的尊重与信任。

专家分析

温馨提示

- 尊重宝宝使用压岁钱的"权利"。宝宝用压岁钱购物，父母应该支持，在购物过程中，让宝宝自己选择，参与买单。
- 宝宝四五岁以后，家长可以逐步引导其正确的金钱观、消费观，和宝宝一起商量规划，学习合理使用金钱。告诉宝宝可以把压岁钱分成两部分，一部分存起来，一部分买需要的物品，存多少留多少，家长可以给出建议，但不应强迫宝宝。

此处可以贴上宝宝的活动照片，爸爸妈妈还可以与宝宝看着照片讲故事。

成长记录

时　　间：宝宝第一次自己使用压岁钱购物是在＿＿＿年＿＿＿月＿＿＿日，星期＿＿＿．宝宝＿＿＿岁．

购买物品：＿＿＿＿＿＿＿＿．陪 伴 者：＿＿＿＿＿．

自我评价：请宝宝根据开心程度涂色，满分是五颗星．

☆☆☆☆☆

- 父母可以带着宝宝将剩余的钱存在银行里，让宝宝初步了解"银行"和"储蓄"，存多少、存多久，与宝宝一起商量着决定。
- 鼓励宝宝用压岁钱做一些有意义的事情，如给祖辈买礼物，给班里家庭困难的宝宝买一本书等。
- 日常生活中，父母要注意不要把一切都和钱挂上钩，可以鼓励宝宝通过做家务换取金钱，但不要把"听父母的话"等所有的事都与压岁钱联系起来。

相关链接：

可以和宝宝一起阅读图书《小蝌蚪乌卡买飞机》(海豚出版社)和《饭桌上的财商课》(青岛出版社)。

做计划表

57

成长事件 让宝宝尝试自己制订游戏计划、整理计划、购物计划、旅行计划、假日安排计划……制订并完成计划的过程，会让宝宝获得极大的成就感和愉悦感。

专家分析

让宝宝学习合理安排计划。宝宝制订并执行计划，并根据计划的完成情况，调整下一次计划。在这个过程中，宝宝能学习根据时间长短、内容特点来合理地计划和安排，培养做事的计划性。

培养宝宝对时间的敏感性。时间，是一个看不见、摸不着的概念，宝宝在执行计划的过程中，会发现时间在不知不觉中飞快流逝，从而体验到要珍惜时间。

能养成宝宝遵守规则、自主自律的好习惯。宝宝遵守自己制定的计划，在执行过程中，逐步形成规则意识和自律精神。

温馨提示

- 宝宝3岁起，父母就可以在确保安全的同时，尝试每天给宝宝一些时间，让他自己安排想做的事。从增加宝宝自由支配的活动时间入手，逐步引导他和父母共同制订计划表，再到独立制订计划表。
- 制订计划应注意循序渐进、由易到难。计划表涉及的时间可以从短到长，如从计划安排一小时活动到安排一日活动；计划表涉及的内容可以从单一到复杂，如从整理房间计划，到购物计划，再到旅行计划等。
- 宝宝制订计划的过程中，父母可以多听听宝宝的想法，再根据具体情况，帮助宝宝完善计划，如根据事情的轻重缓急安排先后顺序等。
- 制订计划，还要确保计划能按时完成。宝宝执行自己制订的计划表会更积

成 长 记 录

时　　间：宝宝第一次自己制订计划表是在＿＿＿年＿＿＿月＿＿＿日，
　　　　　星期＿＿＿，宝宝＿＿＿岁。

计划表名称：＿＿＿＿＿＿＿＿＿，陪　伴　者：＿＿＿＿＿。

自我评价：请宝宝根据开心程度涂色，满分是五颗星。

极主动。如果执行计划的过程中，父母有要事无法和宝宝一起履行计划，要真诚地向宝宝解释，取得宝宝的谅解，并尽快另约时间弥补。

相关链接：

可以和宝宝一起阅读图书《做事有计划，我会更优秀》（华夏出版社）。

家庭小调查

58

成长事件　请宝宝当回小记者，做个家庭小调查，了解家人爱吃的食物、喜欢的动物、做过的工作、去过的旅游地、喜欢的故事、特别的本领……真是一次有趣的经历。

做一次家庭小调查，有助于增进家人间的感情。生活中，通常是父母了解宝宝的需要和兴趣，通过做一次家庭小调查，让宝宝有机会了解家人的需要，能增进家人间尤其是祖孙间的感情。

能提高宝宝的调查研究能力。想了解什么？向谁了解？问些什么问题？怎样记录和整理……让宝宝有机会完整地体验设计问题、寻求答案、记录整理的全过程。

能促进宝宝社会交往、表达能力的发展。为了完成小调查，宝宝需要主动与父母和家人交往，反复尝试如何提问才能让别人一听就明白。调查的过程为宝宝锻炼社会交往能力和语言表达能力提供了机会。

专家分析

温馨提示

- 宝宝是调查的主体，调查什么、向谁调查、采用什么调查方法，对年幼的宝宝都是挑战，父母可以提出建议，但不应替宝宝做决定。
- 日常生活中，父母应多和宝宝交流，当发现宝宝对某一话题特别感兴趣时，可建议他通过调查的方式深入了解，这有助于培养宝宝对周围事物的好奇心，以及主动探究的意识。
- 对于用什么方式记录调查结果，如何做最后的统计等，父母可以给予必要的指导，鼓励宝宝用图画和符号表示调查结果。如果宝宝年龄小，可采用宝宝口述父母记录的方式。

此处可以贴上宝宝的活动照片，爸爸妈妈还可以与宝宝看着照片讲故事。

成长记录

时　间：宝宝第一次做家庭小调查是在＿＿年＿＿月＿＿日，
星期＿＿．宝宝＿＿岁．

调查内容：＿＿＿＿＿＿＿．陪伴者：＿＿＿＿．

自我评价：请宝宝根据开心程度涂色，满分是五颗星．

● 随着宝宝年龄的增长，调查内容可从家庭小调查拓展到社会调查，调查
的对象可扩大到周围的邻居和朋友。

相关链接：
可以和宝宝一起阅读图画书《我爸爸》《我妈妈》（河北教育出版社）和《你最喜欢谁》
（二十一世纪出版社）。

59 参加公益活动

父母和宝宝一起参加义务植树、陪伴孤儿院小朋友、探望敬老院老人等公益活动，为社会和有需要的人服务。

参加公益活动能培育宝宝的爱心。父母陪伴、支持宝宝参加公益活动，有助于宝宝在充满爱的氛围中，感受人与人之间的情感，培育大爱之情。

让宝宝学习关心他人。看望残障儿童和敬老院的老人等公益活动，能让宝宝有机会学习表达对他人的关心，使宝宝更有爱心和责任心，乐于助人。

专家分析

宝宝的能力得到锻炼。公益活动的项目丰富，如参加义演可以展示宝宝的一技之长，参加公益长跑可以锻炼身体和耐力，参加义务植树可以了解种植知识、学习工具使用等。

温馨提示

- 父母应选择组织管理良好、宝宝能理解活动意义、亲子参与度高、离家较近的公益项目，让宝宝一起参与。
- 参加活动前，除了准备必要的材料外，还要和宝宝一起做好经验准备。如参加"关爱自闭症儿童"活动之前，家长应事先告诉宝宝自闭症儿童的特点，提醒宝宝要保持足够的耐心；参加植树活动前，家长可以和宝宝一起查找资料，了解全民植树对保护生态环境的作用等。
- 父母尽可能与宝宝一起参与公益活动，让宝宝体验到参加公益是每个人的责任。活动过程中，尽量不干涉宝宝，当宝宝主动求助时才予以必要的帮助。
- 活动结束后，父母可以和宝宝一起再回顾、交流参加活动的体会，肯定宝

此处可以贴上宝宝的活动照片，爸爸妈妈还可以与宝宝看着照片讲故事。

成 长 记 录

时　　间：宝宝第一次参加公益活动是在＿＿＿年＿＿＿月＿＿＿日，
　　　　　星期＿＿＿．宝宝＿＿＿岁．

活动内容：＿＿＿＿＿＿＿＿＿．陪 伴 者：＿＿＿＿＿＿．

自我评价：请宝宝根据开心程度涂色，满分是五颗星．

　　宝在活动中的表现，鼓励宝宝把参加活动的过程用图画和符号记录下来，留作纪念，也可带到幼儿园与朋友分享。

相关链接：

可以带宝宝一起参与一些公益活动。比如"上海市科学育儿指导公益活动"，此活动每年举办，指导单位为上海市教育委员会。

照顾弟弟妹妹

60

成长事件　家里添了弟弟妹妹，父母鼓励"老大"参与对弟弟妹妹的照顾，试着抱抱小宝宝，逗引小宝宝，和小宝宝做游戏……体验做哥哥姐姐的乐趣。

专家分析

　　帮助大人照顾弟弟妹妹，能培养宝宝的责任心。年幼的弟弟妹妹身体协调性差，自我保护能力弱，在活动中容易磕磕碰碰。哥哥姐姐在陪伴弟弟妹妹的过程中能激发起责任心，想方设法既让弟弟妹妹玩得开心，又要保护好他们。

　　获得被他人需要的快乐。宝宝在呵护照料弱小生命的过程中，感受弟弟妹妹对自己的依赖，这会让他感受到被他人需要的快乐。

　　培养宝宝的自信心。在照顾弟弟妹妹的过程中，宝宝能感受到自己的力量和能力。在游戏中，宝宝常常是活动的发起者和组织者，组织能力和领导能力都能得到锻炼。

　　学习和别人和睦相处。在照顾弟弟妹妹的过程中，年龄稍大的宝宝开始懂得谦让和容忍，在彼此和睦相处的过程中建立起良好的亲情。

温馨提示

- 有"老大"照看弟弟妹妹，并不意味着父母就可以玩手机或看电脑，而是要保证宝宝们都在自己的视线范围内，以确保安全。
- 父母可以指导"老大"做一些力所能及的事情，如和弟弟妹妹说话，帮弟妹妹擦手，轻拍安抚弟弟妹妹。当"老大"表现出对弟弟妹妹的关爱呵护时，父母要及时表扬和鼓励。

此处可以贴上宝宝的活动照片，爸爸妈妈还可以与宝宝看着照片讲故事。

成长记录

时　　间：宝宝第一次主动照顾弟弟妹妹是在＿＿＿年＿＿＿月＿＿＿日，
星期＿＿＿，宝宝＿＿＿岁。

陪 伴 者：＿＿＿＿＿＿＿，具体做了：＿＿＿＿＿＿＿＿＿＿。

自我评价：请宝宝根据开心程度涂色，满分是五颗星。

- 随着宝宝长大，两个宝宝相处的过程中发生矛盾是很正常的，在没有安全问题的情况下，父母不要急于干预，要相信宝宝会有自己的解决方法。
- 宝宝之间发生矛盾需要父母介入时，父母不能一味要求"老大"谦让，要根据实际情况，公正、公平地解决矛盾。如果"老大"个性内向胆怯，父母一味要求大的让小的，易形成"老大"胆小怕事的性格。
- 父母应对两个宝宝一视同仁，不能因为宝宝个性或性别的差异，表现出对一方的偏爱。同时要不失时机地对"老大"照顾小宝宝表示感谢。

相关链接：

可以和宝宝一起阅读图画书《小宝宝要来啦》（北京科学技术出版社）、《小鸡快跑系列：我喜欢妹妹》（四川少年儿童出版社）和《完美小宝宝》（少年儿童出版社）。

61 自己设计
生日活动

过生日，是宝宝最快乐的时刻。宝宝自己设计"今年怎样过生日"，制作邀请卡，邀约朋友，布置环境，购买物品，设计游戏等，和朋友们一起享受快乐的生日会。

让宝宝充分感受生日的快乐。从开始计划生日活动的那一刻起，宝宝就对生日充满了期待。参加自己设计的生日活动，又带给宝宝特别的体验，生日会成为宝宝难忘、快乐的一天。

提高宝宝的计划能力。在设计生日活动的过程中，宝宝需要事先考虑邀请哪些朋友，怎样制作邀请卡，如何布置环境，安排哪些活动内容等，详细的计划更有助于活动的成功。

培养宝宝的独立性。生日活动的设计以宝宝为主，当遇到问题和困难时，鼓励宝宝尝试自己想办法解决，锻炼独立处理问题的能力。

促进宝宝动手动脑、表达表现、交往合作等多种能力的发展。设计一场生日活动，从收集信息到计划安排，再到具体实施，对宝宝的各方面能力都提出了挑战。

专家分析

温馨提示
- 不同年龄的宝宝，在设计自己的生日活动时，家长参与程度应有所不同。对于小年龄的宝宝，家长可以询问"你想怎么过生日"，宝宝可以提要求，只要合理，家长尽量满足。对于大年龄的宝宝，家长要给予他更多的自主权，让宝宝自己设计、安排生日活动。
- 家长应充分尊重宝宝，支持宝宝自己制作邀请卡，根据参加活动的人数和

此处可以贴上宝宝的活动照片，爸爸妈妈还可以与宝宝看着照片讲故事。

成长记录

时　　间：宝宝第一次自己设计生日会是在＿＿年＿＿月＿＿日，
星期＿＿，宝宝＿＿岁。

参 加 者：＿＿＿＿＿＿＿，陪 伴 者：＿＿＿＿＿。

自我评价：请宝宝根据开心程度涂色，满分是五颗星。

活动内容合理布局等，当家长和宝宝的想法不一致时，家长应尽量尊重宝宝的想法，让宝宝获得更多的发展。

● 家长可以适度参与宝宝的准备工作，但不应包办代替，应保持平和的心态，给宝宝留有足够的准备时间。当宝宝主动求助时，家长应给予适当的帮助。

● 生日活动应以轻松快乐为主要目的，不要大吃大喝、接收昂贵礼物等，避免铺张浪费和互相攀比。

相关链接：

可以和宝宝一起阅读图画书《我要过生日啦》（现代教育出版社）。

此处可以贴上宝宝的活动照片，爸爸妈妈还可以与宝宝看着照片讲故事。

成长记录

时　间：＿＿年＿＿月＿＿日，星期＿＿．

宝宝年龄：＿＿岁．

活动内容：＿＿＿＿＿＿＿＿．陪伴者：＿＿＿＿＿．

自我评价：请宝宝根据开心程度涂色，满分是五颗星．

☆ ☆ ☆ ☆ ☆

此处可以贴上宝宝的活动照片，爸爸妈妈还可以与宝宝看着照片讲故事。

成长记录

时　　间：____年____月____日，星期____．

宝宝年龄：____岁．

活动内容：_____．陪伴者：_____．

自我评价：请宝宝根据开心程度涂色，满分是五颗星．

☆ ☆ ☆ ☆ ☆

此处可以贴上宝宝的活动照片，爸爸妈妈还可以与宝宝看着照片讲故事。

成 长 记 录

时　　间：____年____月____日，星期____.

宝宝年龄：____岁.

活动内容：_____. 陪 伴 者：_____.

自我评价：请宝宝根据开心程度涂色，满分是五颗星.

☆ ☆ ☆ ☆ ☆

此处可以贴上宝宝的活动照片，爸爸妈妈还可以与宝宝看着照片讲故事。

成长记录

时　　间：＿＿＿年＿＿＿月＿＿＿日，星期＿＿＿.

宝宝年龄：＿＿＿岁.

活动内容：＿＿＿＿＿＿＿＿＿.陪伴者：＿＿＿＿＿.

自我评价：请宝宝根据开心程度涂色，满分是五颗星.

☆ ☆ ☆ ☆ ☆

此处可以贴上宝宝的活动照片，爸爸妈妈还可以与宝宝看着照片讲故事。

成长记录

时　　间：＿＿年＿＿月＿＿日，星期＿＿.

宝宝年龄：＿＿岁.

活动内容：＿＿＿＿＿＿＿.陪伴者：＿＿＿＿＿.

自我评价：请宝宝根据开心程度涂色，满分是五颗星.

☆☆☆☆☆

图书在版编目（CIP）数据

61件事，你做了吗：无法错失的儿童早期家庭陪伴 /黄琼, 肖燕萍, 陈石静著. — 上海:上海教育出版社,2019.4
ISBN 978-7-5444-9026-9

Ⅰ.①6… Ⅱ.①黄… ②肖… ③陈… Ⅲ.①学前教育 – 家庭教育 – 教育研究 Ⅳ.①G781

中国版本图书馆CIP数据核字(2019)第059891号

策　　划　王爱军

责任编辑　管　倚

美术编辑　王　慧

封面设计　王　慧

61件事，你做了吗
——无法错失的儿童早期家庭陪伴
黄　琼　肖燕萍　陈石静　著

出版发行　上海教育出版社有限公司
官　　网　www.seph.com.cn
地　　址　上海市永福路123号
邮　　编　200031
印　　刷　上海锦佳印刷有限公司
开　　本　700×1000　1/16　印张 9.5
字　　数　150 千字
版　　次　2019年4月第1版
印　　次　2019年4月第1次印刷
书　　号　ISBN 978-7-5444-9026-9/G·7468
定　　价　45.00 元

如发现质量问题，读者可向本社调换　电话:021-64377165